DR. MED. FRANZ SPERLICH

WENN DU KEIN PROBLEM HAST, MACH DIR EINS!

Warum unsere grauen Zellen Herausforderungen brauchen – und wie wir damit glücklich werden

Inhalt

Im Text wurde weitgehend die männliche Sprachform verwendet. Dies ist allein der besseren Lesbarkeit geschuldet und soll alle Lesenden ansprechen.

Ein Wort zuvor

Probleme? Find ich wunderbar! Du nicht? Vermutlich hast du dieses Buch in der Hand, weil du sie loswerden willst. Genau das allerdings ist nicht mein Ansatz. Wenn du dennoch weiterlesen möchtest – wozu ich dich natürlich herzlich einlade –, dann werden alle meine Erfahrungen, die ich mit Seminarteilnehmern, Patienten, Freunden, Kollegen und Bekannten und nicht zuletzt mit mir selbst machen durfte, dir einen völlig neuen Blick eröffnen. Ich möchte dir zeigen, dass Probleme etwas Gutes sind. Etwas Wunderbares. Dass sie nötig sind. Und sowieso unumgänglich.

Über sich hinauswachsen

Vielleicht kannst du dich bereits jetzt, ganz am Anfang dieses Buches, an irgendein Problem erinnern, das dir lange Kopfzerbrechen bereitet hat. Aber wenn du nun an das Resultat denkst, hat es dich am Ende mit ziemlicher Wahrscheinlichkeit weitergebracht: Du bist über dich hinausgewachsen, du hast etwas dazugelernt, dich weiterentwickelt.

Und jetzt verrate ich dir etwas: Genau dafür sind wir Menschen gemacht. Genau dafür haben wir dieses extrem hoch entwickelte Organ in unserem Kopf, unser Gehirn. Über Jahrmillionen sind unserer Vorfahren immer besser darin geworden, Probleme zu lösen. Unser Gehirn hat sich genau an diesem Zweck entwickelt, und es will sich weiter darin erproben. Lebenslang. Pausenlos. Und es ist vollkommen egal, ob es sich um theoretische Fragen oder praktische Aufgaben handelt, um alltägliche Schwierigkeiten oder besondere Herausforderungen, um Konflikte im Privatleben oder Hindernisse auf der Karriereleiter.

Probleme willkommen heißen

Die zentrale These dieses Buches lautet demnach: Ein nicht unerheblicher Teil unserer Probleme entsteht nur deshalb, weil unser Gehirn sie liebt. So oft ärgern wir uns über Probleme und machen uns damit das Leben schwer! Wir können hier mehr Leichtigkeit hineinbringen und Probleme willkommen heißen. Daher mein zentraler Rat an dich: Wenn du kein Problem hast, mach dir eins. Oder anders ausgedrückt: Entwickle eine positive Haltung deinen Problemen gegenüber und wähle sie aktiver aus. Allein dadurch löst sich schon eine ganze Menge Stress und Leid auf. Und wenn du deine Probleme begrüßt, kannst du dich viel mehr an deinen Fähigkeiten freuen, die Angst, etwas mal wieder nicht richtig hinzubekommen, nimmt deutlich ab. Du weißt ja: Probleme gehören zum Leben dazu, weil du einen Hochleistungsproblemlöser im Kopf trägst, der nach Aufgaben ruft.

Es würde mich sehr freuen, wenn dieses Buch dazu beiträgt, dass du entspannter mit deinen Problemen umgehst. Dass du, wenn du das nächste Mal einen Nachbarn triffst, sagst: »Weißt du, was ich gerade für ein tolles Problem habe …« Oder dass du freudig einer Freundin erzählst: »Ich habe mir gerade ein Problem ausgewählt, das mich richtig auf Hochtouren bringt.«

In diesem Sinne: Gute Probleme!

Dr. med. Franz Sperlich

»Talente finden Lösungen,
Genies entdecken Probleme.«

HANS KRAILSHEIMER

Problemlos glücklich? Kannste vergessen!

Gehörst du auch zu den Menschen, die sich Tag für Tag ungeheuer anstrengen, um endlich alle Probleme vom Tisch zu bekommen? Wenn das erst geschafft wäre, müsste das Leben doch herrlich sein, oder? Tut mir leid, aber die schlechte Nachricht lautet: Ich habe noch keinen einzigen Menschen getroffen, dem es gelungen wäre, auf diese Weise zufrieden oder gar glücklich zu werden. Du etwa?

Alles erledigt, aufatmen – wäre da nicht …

»Das Glück des Lebens besteht nicht darin,
wenig oder keine Schwierigkeiten zu haben,
sondern sie alle siegreich und glorreich zu überwinden.«
CARL HILTY

Ich würde etwas Pathos aus Carl Hiltys Worten herausnehmen: Vielleicht geht es nicht darum, »alle« Probleme zu überwinden, und nicht unbedingt »siegreich und glorreich«. Aber prinzipiell ist die Frage, die dahinter steckt, berechtigt: Was wären wir Menschen ohne Probleme?

In meinen Seminaren arbeite ich oftmals mit Menschen aus – im weitesten Sinne – beratenden Berufen, etwa Ärzten und Rechtsanwälten. Sie sind allesamt Hochleister im Lösen von Problemen. Und ich beobachte bei ihnen nicht selten Folgendes: Sie investieren viele Jahre in ihren Beruf, bis alles gut läuft. Die Problemlösungsmaschine im Kopf ist gut beschäftigt – sie absolvieren eine aufwendige Ausbildung und/oder ein anspruchsvolles Studium, und bis eine Praxis oder Kanzlei, Abteilung oder Firma funktioniert, haben sie beständig neue Hürden zu überwinden. Dabei müssen sie auf den unterschiedlichsten Ebenen Lösungen für Probleme aller Art finden. So erleben sich diese Menschen, während sie sich beruflich Schritt für Schritt weiterentwickeln, als fähig und selbstwirksam (siehe Kasten Seite 9). Sie gewöhnen sich daran, täglich mit vielen Problemen konfrontiert zu sein. Es ist für sie das Normalste von der Welt.

Was ist Selbstwirksamkeit?

In der Psychologie versteht man darunter das Erleben, durch das eigene Handeln etwas zu bewirken. Machen wir viele entsprechende Erfahrungen, wächst unsere Selbstwirksamkeitsüberzeugung. Dann trauen wir uns viel zu und nehmen Herausforderungen gerne an. Sind wir dagegen nicht so sehr von unserer Selbstwirksamkeit überzeugt, vernachlässigen wir unsere Wünsche und scheuen vor Schwierigkeiten eher zurück. Die gute Nachricht: Das Vertrauen in die eigene Selbstwirksamkeit kann mit jedem Problem, dem wir uns stellen, wachsen.

Wenn der »Laden« (also die Abteilung, Kanzlei oder Praxis) dann irgendwann läuft und alles »endlich gut passt«, setzt nach einer Phase der Zufriedenheit bei vielen eine gewisse Langeweile ein – und plötzlich, wie aus heiterem Himmel, tauchen neue Probleme auf. Nicht selten beginnt die Ehe zu kriseln und schon darf sich ihr Hochleistungsgehirn um ein neues Problem kümmern. Das kann so weit gehen, dass sie eine Scheidung bewältigen müssen, einen Umzug, eine komplette Neuorganisation des Lebens. Das Verrückte daran ist: Irgendwie geht es diesen Menschen dann wieder besser. Meiner Meinung nach liegt dieser paradoxe Effekt, den ich schon so oft beobachten konnte, daran, dass die Problemlösungsmaschine so wieder viel zu tun hat und sich wieder beweisen kann. Genau das hatte im Routinebetrieb des »Alles läuft super« gefehlt.

Die Kernthese dieses Buches ist also folgende: Mangelt es unserem Gehirn an Aufgaben, so schafft es sich welche. Im schlechtesten Fall kreieren wir uns so Probleme, die wir in dieser Form eigentlich gar nicht bräuchten.

Aktives Problemmanagement

Natürlich ist das Leben komplex, und es sind viele Faktoren beteiligt, wenn sich neue Probleme ergeben. Aber selbst wenn der beschriebene Mechanismus nur einen gewissen Anteil daran hat, so wäre ein solcher Automatismus, der uns beliebige Probleme erschafft, aus meiner Sicht nicht wirklich wünschenswert. Denn oftmals gehen diese »Generalprobleme« aus den Bereichen Beziehung, Finanzen oder Gesundheit mit einer ganzen Menge Stress und Leid einher, und das nicht nur für uns, sondern auch für unsere Mitmenschen.

Wenn es also tatsächlich so ist, dass wir Probleme brauchen, wäre es dann nicht konstruktiver, sich diese selbst zu wählen? Oder zumindest eine Richtung vorzugeben, die uns hilft, an den Problemen zu wachsen? Damit sind wir schon mittendrin in dem, was ich dir im Umgang mit Problemen ans Herz legen möchte.

Unser Problemlösungsorgan braucht ständig Futter. Bevor es verhungert, sucht es sich seine Nahrung selbst – die uns aber oft nicht bekommt. Besser ist, wir bieten ihm bewusst hochwertige Hirnkost in Form von Problemen, die uns interessieren und die wir gerne lösen möchten.

Wir erreichen Glück, wie auch immer du es definieren willst, nicht dadurch, dass wir für alle unsere Probleme eine Lösung finden und uns dann für den Rest des Lebens zurücklehnen. Ich selbst habe das jahrzehntelang vergeblich versucht und bin zu dem Schluss gekommen, dass es mir am besten geht, wenn ich mir meine Probleme selbst wähle und auch selbst bestimme, wie ich mit ihnen umgehe. Einige löse ich, einige lege ich für eine Zeit auf Eis, und manche begleiten mich durch eine längere Phase. Wir leben viel friedlicher miteinander, seit ich mich nicht mehr gegen sie wehre beziehungsweise sie auf Nimmerwiedersehen loswerden möchte, sondern sie als normalen und sogar gesunden Teil des Lebens anzunehmen gelernt habe.

Uns geht es wie Goethe

»Nichts ist schwerer zu ertragen als eine Reihe an guten Tagen.« Dieser Satz stammt von Johann Wolfgang von Goethe. Schauen wir auf sein beeindruckend vielseitiges Lebenswerk, wird klar, dass ihn ein außergewöhnlicher, zuweilen ruheloser Geist angetrieben haben muss, die Dinge immer weiter zu durchdenken, zu forschen, zu dichten und an Problemen zu arbeiten.

Ähnliches trifft auch auf uns Normalsterbliche zu: Für jeden Einzelnen mag es eine unterschiedliche Zahl an »guten Tagen« sein, die er locker erträgt. Aber wenn es zu viele werden, dann beginnen wir, unruhig zu werden. Das lässt sich häufig während einer entspannten Phase im Job oder in einem längeren Urlaub beobachten, wenn sich dieses nagende Gefühl einstellt, »dass irgendetwas fehlt«, aber man nicht genau weiß, was.

Lebenszufriedenheit heißt nicht Sorgenfreiheit

Wären wir tatsächlich nur dann glücklich, wenn wir gar keine Probleme mehr hätten, dann hätte die Menschheit beispielsweise das Puzzeln nicht erfunden. Ein Puzzle ist ein Problem, dem wir uns freiwillig stellen und an dem wir Spaß haben. Wir zerteilen ein Bild in hunderte oder gar mehrere tausend Teilchen und setzen es wieder zusammen. Wir Menschen puzzeln einfach gern, jeder auf seine Weise. Ich kenne einige Männer, die eine innerliche Unzufriedenheit verspüren, wenn in Haus und Garten alles stimmt und es nichts zu reparieren oder zu verbessern gibt. Ein Freund und Kollege erzählte mir, dass er an einem Sonntag in genau diesem Zustand war und dann entdeckte, dass die Tür am Ofen in der Küche nicht ganz gerade saß. Er versuchte, das zu beheben, und schaffte es dabei schließlich, das Glas zu zerbrechen. Nach dem ersten Ärger über dieses Missgeschick machte er sich daran, im Internet nach einem geeigneten Ersatz zu suchen, um die Ofentür nun gründlich reparieren zu können – und die Zufriedenheit kehrte zurück.

Für müßiges Glück sind wir offenbar nicht gemacht. So sehr wir uns dieses in Stressphasen auch manchmal wünschen mögen.

Wenn wir etwas im Haus reparieren oder ein Puzzle mit zweitausend Teilen restlos zusammenfügen, dann macht das etwas mit uns. Bei solchen Aktivitäten erleben wir nämlich einen Fortschritt und damit unsere Selbstwirksamkeit. Wir bekommen etwas hin – und das fühlt sich gut an. Das Belohnungszentrum unseres Gehirns rückt dann »Belohnungsstoffe« raus und wir erleben Glück – gerade weil wir uns mit einem Problem herumgeschlagen haben.

Wir alle brauchen Herausforderungen und die damit einhergehenden Probleme und finden unsere persönliche Dosis irgendwo zwischen Goethe und Dauerberieselung durch TV, Netflix & Co, zwischen Ruhelosigkeit auf der einen und Trägheit auf der anderen Seite.

Probleme dürfen Spaß machen!

Bestimmt hast du schon die Erfahrung gemacht, dass es nicht so richtig funktioniert, Probleme »weghaben« zu wollen, damit sie dich nicht mehr belasten. Kurzfristig können wir vielleicht mal den Schreibtisch leer bekommen, aber schon am nächsten Tag rieselt es neue Aufgaben. Der mehr Erfolg versprechende Ansatz, den ich dir in den folgenden Kapiteln vorstellen möchte, lautet: Gestalte dein Problemmanagement so, dass es Spaß macht, an Aufgaben und Schwierigkeiten zu arbeiten. Damit machst du aus einem nervtötenden Ding etwas, das dich motiviert und das du, inklusive aller zusätzlich damit verbundenen Probleme, super findest, weil du weißt, wofür du es tust.

Fürs Erste gilt: Versuch gar nicht erst, deine Probleme loszuwerden. Die kleinen, bei denen das möglich wäre, die lösen sich sowieso von allein, wenn du einfach nur weiterlebst. Dann findest du deinen Schlüssel wieder oder lässt eben das Schloss auswechseln. Dann verfliegt die Erkältung, oder du gehst doch zum Arzt. Nach dieser Art von Problemen kräht nach ein paar Tagen kein Hahn mehr. Die großen Probleme aber, die wirst du ohnehin nicht los. Tut mir leid, das ist nun einmal so. Aber wenn du sie absichtlich noch größer, bunter und vielfältiger machst, dann kann wieder Spaß hineinkommen. Dann ist dein Gehirn auf beste Weise ganz mit von der Partie, und dann macht das Leben wieder Freude. Mit den Problemen.

Probleme begleiten uns lebenslang – vom ersten bis zum letzten Tag. Einen individuellen, entspannten und konstruktiven Umgang damit zu finden, ist also ein lohnendes Ziel. Und vor allem: Es ist tatsächlich auch gut möglich.

Probleme selbst wählen? Probleme größer machen? Klingt seltsam? Keine Sorge, wir sind ja erst am Anfang.

Probleme sind mies? Dein Gehirn liebt sie!

»Guten Morgen, liebe Sorgen, seid ihr auch schon alle da…?«

JÜRGEN VON DER LIPPE

Was du in deinem Kopf mit dir herumträgst, ist ein circa 1300 Gramm schweres Erfolgsmodell. Dein Gehirn hat dich bis zum heutigen Tag durch dein Leben sowie die Menschheit durch Jahrhunderttausende gebracht. Dieses komplexe Organ hat dafür gesorgt, dass wir heute das zahlen- und ausbreitungsmäßig erfolgreichste Großlebewesen auf diesem Planeten sind.

Die hervorstechende Besonderheit des Säugetiergehirns – ja, wir Menschen gehören zur biologischen Klasse der Säugetiere – ist die neue Hirnrinde, der Neokortex. Unter bestimmten Aspekten können wir diesen als einen Bioprozessor ansehen, als ein lebendiges Netzwerk, das aus vielen einzelnen Einheiten besteht. Im Vergleich zu einer Maus sind diese Einheiten zwar ähnlich, bei uns Menschen aber wesentlich zahlreicher und damit komplexer. Im Laufe der Evolution wurden die menschlichen Gehirne und damit auch ihre Besitzer immer leistungsfähiger, und das hat Auswirkungen: Eine Maus zeigt heute noch ein ähnliches Verhalten wie vor ein paar Millionen von Jahren. Der Mensch hingegen lebt heute schon völlig anders als vor zehn, vor dreißig oder gar vor hundert Jahren. Und diese Entwicklung ist nicht abgeschlossen, vielmehr vollzieht sie sich immer schneller.

Dazu kommt, dass wir hier nicht nur von einem individuellen Netzwerk sprechen. In den letzten Jahrzehnten haben wir unsere Möglichkeiten der weltweiten Kommunikation und Mobilität enorm weiterentwickelt. Bald acht Milliarden dieser für sich genommen schon faszinierenden Netzwerke werden so immer umfassender miteinander verbunden: Wir nutzen unsere wachsende Hirnleistung also auch dafür, auf immer vielfältigere und schnellere Weise miteinander in Kontakt zu treten und uns auszutauschen. Dies ist der Grund für die enorme Beschleunigung in Wissenschaft und Technologie, die wir erleben. Denn gemeinsam kann man ganz andere Probleme angehen (und ja: auch erzeugen).

Auf jeden Fall vernetzen wir uns als Menschheit mithilfe der digitalen Technik in einem nie dagewesenen Ausmaß. Was wir mit dem gigantischen Wissenszuwachs, den Zugriffsmöglichkeiten und den daraus resultierenden Potenzialen machen, hängt davon ab, wie wir diese Netzwerke mitgestalten.

Nichts tun? Fehlanzeige

Wir haben also ein Hochleistungsnetzwerk im Kopf. Im Lauf der Menschheitsgeschichte haben wir mit ihm erheblichen Einfluss auf unsere Umwelt genommen und für alles gesorgt, was wir zum (Über-)Leben brauchen. Wir haben über die Jahrtausende immer bessere Möglichkeiten gefunden, uns mit Wasser, Nahrung, Wohnraum und Kleidung zu versorgen. Wir sind in der Lage, unsere Kinder gesund aufzuziehen und auszubilden. Für alles gibt es Methoden, Technik und Fachleute. Ein paradiesischer Zustand – wäre da nicht dieser Superrechner in unserem Kopf, der nach Arbeit ruft und der sich nicht einfach auf Pause schalten lässt.

Natürlich spielt hier auch das jeweilige Lebensalter eine Rolle. Bis wir erwachsen sind, haben wir ja auf jeden Fall genug Probleme zu lösen – vom Krabbelnlernen über die Schule bis zur ersten Partnersuche wird es unserem Gehirn da nicht langweilig. Im Erwachsenenalter – spätestens, wenn sich im Familien- und

Berufsleben eine gewisse Routine einstellt – nehmen die Herausforderungen im Vergleich dazu in der Regel deutlich ab.

Wir lieben aber Belohnungen und da unser Belohnungszentrum anspringt, wenn wir ein Problem (erfolgreich) angehen, suchen wir nach Möglichkeiten, uns zu beweisen. Manchmal machen wir uns sogar selbst Probleme. Davon bekommen wir allerdings in der Regel gar nichts mit. Denken verläuft nämlich die allermeiste Zeit – während wir unseren alltäglichen Beschäftigungen nachgehen – unterschwellig, also nicht nur dann, wenn wir es bemerken oder bewusst einsetzen. Man spricht deshalb auch von vorbewussten Prozessen. Etwa 50 000 Gedanken jagen uns täglich durch den Kopf – davon sind die allermeisten Wiederholungen von Wiederholungen von Wiederholungen. Routinegedanken. Wenn wir davon etwas wahrnehmen, dann über die damit einhergehenden Effekte auf unsere Energie. Sind wir entspannt, dann erleben wir einen Zustand der Zustimmung. Das kann auch während sehr produktiver Phasen der Fall sein, dann nennen wir es »Flow«. Dieses Wohlgefühl, das sich einstellt, wenn wir eine gute Balance erreichen zwischen Herausforderung und der Kompetenz, diese Herausforderung meistern.

Was ist denn ein »Problem«?

Das griechische Wort »Problem« bedeutet »etwas (zur Bearbeitung oder Lösung) vorlegen«. Das können wir selbst tun, indem wir uns aktiv eine Herausforderung suchen. Oft legt sich das Gehirn jedoch in einem Automatikmodus Probleme selbst vor, und wir bekommen gar nicht mit, dass es gerade ein Problem bearbeitet. Bei Bedarf können wir diese automatischen Abläufe aber auch hinterfragen und so zu neuen Ergebnissen kommen.

Oder wir fühlen uns müde und abgeschlagen, ohne dass wir uns das erklären können. Vielleicht hat sich in unserem Hirn gerade etwas in diese Erschöpfung hineingedacht. Das ist dann wie beim Smartphone, wenn zu viele Prozesse im Hintergrund laufen und wir uns wundern, dass der Akku schon wieder leer ist. Oder unser Prozessor hat alles Mögliche abgewogen und ist zu dem Schluss gekommen, dass wir zum Angriff übergehen müssten: Wir fühlen Zorn und wissen gar nicht so recht, warum. Darüber hinaus spielt hier auch die Biologie mit: Blutzuckerspiegel, die Menge an Schlaf, der Hormonstatus und alle möglichen anderen körperlichen Faktoren, die alle die Funktion unseres Gehirns beeinflussen.

Unser Gehirn benötigt für seine Arbeit eine Menge Energie, auch wenn wir vermeintlich gar nichts tun. Bezogen auf den Gewichtsanteil verbraucht es selbst in Ruhe etwa zehnmal mehr Energie als der Rest unseres Körpers.

Sogar wenn wir vermeintlich nichts tun, ist unser Gehirn also weiter sehr aktiv. Es räumt auf, verschaltet Bereiche neu miteinander und bildet so die Grundlage unserer Gedächtnisfunktionen. Unzählige Verarbeitungsprozesse laufen im vorbewussten Bereich unseres Geistes ab. Die Wissenschaft nennt diesen Zustand »default mode«. Selbst wenn wir auf dem Sofa sitzen und meinen, überhaupt nichts zu tun und nur zu chillen, arbeitet unser Gehirn weiter. Es räumt aber nicht nur auf, es berechnet auch Szenarien, die geschehen könnten: Was mache ich, wenn jetzt jemand durch die Tür kommt? Was mache ich, wenn mein Geld im Alter nicht reicht? Was mache ich, wenn mein Partner sich in jemand anderen verliebt? Was mache ich, wenn sich herausstellen sollte, dass die Säbelzahntiger in der Urzeit doch nicht ausgestorben sind und hier in der Gegend wohnen?

Unser Gehirn besitzt die Deutungshoheit über unsere Sinneseindrücke und unsere Gedanken. Es sucht nach Zusammenhängen und erzählt uns unsere Realität. Wenn es sich langweilt, kann es uns in dramatische Szenarien verwickeln. Das kann vom eher harmlosen »sich Sorgen um etwas machen« bis hin zu ernsten Störungen führen. Menschen geraten dann zum Beispiel in Verschwörungstheorien, werden krank oder beschimpfen ihren nichts Böses ahnenden Partner, sobald der nach Hause kommt, weil sie sich ausgemalt haben, dass er sie wahrscheinlich hintergeht.

Hast du also gerade kein Problem, hört dein Gehirn nicht auf zu arbeiten und konstruiert sich im Zweifelsfall einfach eines. Das ist der Preis, den wir für seine Leistungsfähigkeit und seine Fantasie zahlen. Die Aufforderung »Mach dir ein Problem« bedeutet nichts anderes, als dass wir uns dieses Ablaufs bewusst werden und ihn nicht sich selbst überlassen. Das können wir auf vielfältige Weise erreichen, wie du in den nächsten Kapiteln sehen wirst.

Wozu macht das Gehirn sich so viel Stress?

Die Art und Weise, wie unser Gehirn arbeitet, hat sich zweifelsohne für unser Überleben bewährt. Doch ist dieser ganze Aufwand wirklich nötig? Unsere »grauen Zellen« könnten doch auch sagen: Ich behalte die Umgebung im Auge und wenn gerade kein Säbelzahntiger da ist, dann entspanne ich, genieße das Leben und lasse es gut sein. Und wenn einer kommt, dann bin ich einfach schnell wieder zur Stelle.

Doch so funktioniert unsere Biologie nicht. Die notwendige Aufmerksamkeit (»Ist das da hinten ein Säbelzahntiger oder nicht?«) ist Schwerstarbeit. Deshalb hat es die Natur anders gelöst, und zwar wie bei einem Verbrennungsmotor, der im Leerlauf eine gewisse Drehzahl hat. Diese hält ihn arbeitsbereit. Anders als wenn er erst von null hochfahren müsste, kann er so viel schneller zusätzliche Leistung erbringen, sobald das verlangt wird. Und so arbeitet auch unser Gehirn. Es behält ständig eine gewisse »Drehzahl« bei, um sofort auf mögliche Gefahren (oder auch Chancen) reagieren zu können. Es denkt dabei gewissermaßen auf Vorrat und spielt ein permanentes »Was wäre wenn«-Spiel. Das kann nervig sein, wenn wir uns dadurch unnötig Sorgen machen. Aber es sorgt im Ernstfall für Schnelligkeit und hilft uns so zu überleben. Diese Fähigkeit unseres Gehirns macht uns als Spezies so erfolgreich. Man könnte meinen, dass wir als »nackte Affen« in der freien Wildbahn nicht gerade eine ideale Überlebensausstattung hatten. Doch unser in der beschriebenen Weise auf Geschwindigkeit hin optimiertes Gehirn machte das mehr als wett. Und es ermöglicht uns bis heute, die zahlreichen Probleme des Überlebens zu lösen.

Immer wissen, wer man ist

Es gibt noch einen weiteren Grund, warum unser Gehirn selbst dann aktiv bleibt, wenn wir nichts tun und keine Gefahr zu erkennen ist: Nur so können wir in unserem Leben immer orientiert bleiben. Wir wachen morgens auf und wissen in der Regel sofort, wie wir heißen, wer da neben uns liegt, was wir gern essen, wo sich die Dusche befindet und was wir gestern getan haben. Beim Aufwachen holt sich unser Wachbewusstsein diese Informationen aus dem »default mode«. Wie einen PC müssten wir uns andernfalls jeden Morgen erst hochfahren und die benötigten Programme starten. Ziemlich ungünstig, erst recht, wenn uns nicht der Wecker, sondern das Knurren eines Raubtieres vor der Schlafhöhle weckt, sprich: wenn Gefahr droht.

Dass wir Menschen oft aus Mücken Elefanten machen, also Sorgen kreieren, ist somit ein Folgeproblem unseres auf Überleben geeichten Hochleistungshirns: Wenn wir früher im Wald unterwegs waren, und es knackte hinter uns im Gebüsch, dann war es überlebensnotwendig, davon auszugehen, dass dies ein Säbelzahntiger ist. Rauf auf den nächsten Baum oder im gestreckten Galopp zurück zur Horde, hieß die Devise. Wenn wir erst darüber nachgedacht hätten, was die Ursache des Geräusches wohl noch sonst so sein könnte, nun, dann hätte uns die Raubkatze möglicherweise erwischt, und wir hätten dann zum Fortbestand der Menschheit nicht beitragen können. Von den weniger Vorsichtigen stammen wir Heutigen einfach nicht ab.

Leben im Zeitalter der Beschleunigung

Im Lauf der Menschheitsgeschichte nahm, wie erwähnt, die »biologische Rechenleistung« des einzelnen Gehirns langsam immer mehr zu. Zugleich, und in einer ganz anderen Geschwindigkeit, stieg und steigt aber auch die Zahl der menschlichen Gehirnträger auf der Erde. Die »potenzielle biologische Gesamtrechenleistung« der Menschheit hat sich so allein in den letzten Jahrzehnten vervielfacht. Derzeit erleben wir das Zusammenkommen einer steil ansteigenden Bevölkerungszahl zusammen mit einer immer rascheren technischen Entwicklung. Heute sind mehr Menschen besser vernetzt als jemals zuvor. Allein, dass du jetzt ein Buch lesen kannst, brauchte viele Jahrtausende der Vorbereitung: Sprache musste entwickelt werden, Buchstaben, Druckkunst, später dann der Computer mit seinen Programmen zur Textverarbeitung... Alles Dinge, die das menschliche Gehirn, oder besser gesagt: immer mehr menschliche Gehirne zusammen zuwege brachten.

Viele Probleme, für die unser Gehirn gemacht ist – pures Überleben als Spezies – sind heute keine mehr und zugleich steht uns diese enorme biologische Rechenleistung im Kopf und auf der Welt zur Verfügung. Nehmen wir als Beispiel für eine ähnliche Entwicklung die Computerspiele: Viele von uns haben ordentlich Zeit damit verbracht, Pac-Man zu spielen, das 1980 auf den Markt kam. Es war toll, durch das Labyrinth zu steuern und Punkte zu sammeln. Mir macht Pac-Man heute noch Spaß, aber Grafik und Komplexität sind doch ziemlich beschränkt, und so hat es für mich vor allem einen nostalgischen Wert.

Der Verlauf der letzten vierzig Jahre zeigt sich sehr deutlich in dem, was heute an Computerspielen im Angebot ist. Da die Rechner immer mehr konnten und können, wurden die Spiele grafisch aufwendiger und inhaltlich komplexer. Heutzutage kann man die Grafik in Computerspielen nicht mehr von echten Filmaufnahmen unterscheiden und die Virtual-Reality-Technologie lässt den Spieler in eine Rundum-Welt eintauchen, das Ganze im globalen Verbund mit einer wachsenden Zahl von Mitspielern weltweit. Die notwendige Rechenleistung ist extrem viel höher als bei Pac-Man, bildlich gesprochen wie die Motorleistung eines Raketentriebwerks im Vergleich zu einer Spielzeugdampfmaschine.

Der Mensch überholt sich selbst. Wir sind die Spezies, die ihre »natürliche« Evolution hinter sich gelassen hat. Wir entwickeln uns kulturell-technologisch viel schneller als biologisch.

Wir, die Menschheit an sich und jeder Einzelne, stehen also vor der Herausforderung, etwas mit diesem Potenzial in unseren Köpfen anzufangen. Leerlauf ist aus biologischer Sicht eben keine Option. Ein moderner PC, auf dem wir Pac-Man mit einem nur winzigen Teil der möglichen Rechnerleistung spielen, beschwert sich darüber nicht. Anders unser Gehirn: Es füllt den Leerlauf, und das – so die These dieses Buches – gern auch mit Extra-»Problemen«. Wir erlauben ihnen, uns den Schlaf zu rauben oder die Unbeschwertheit zu stehlen. Und das, obwohl sie oftmals keinem anderen

Zweck dienen als der Selbstbeschäftigung unseres so komplexen Denkapparates. Den können wir allerdings auch konstruktiver einsetzen. Im Lauf der Lektüre dieses Buches möchte ich dich davon überzeugen, dass wir trotz und gerade mit Problemen glücklich sein können.

Unvorstellbar komplex

Die Komplexität eines menschlichen Gehirns ist wunderbar an dem sehr ehrgeizigen Forschungsvorhaben »Blue Brain Project« nachzuvollziehen. Begonnen hat es 2005, mit einer Zusammenarbeit von Henry Markrams Brain and Mind Institute an der École Polytechnique im schweizerischen Lausanne und IBM. Man versucht dabei nicht weniger, als alle Nervenverbindungen eines menschlichen Gehirns zu erfassen und so ein umfassendes virtuelles Gehirnmodell zu schaffen. Bei etwa 80 bis 100 Milliarden Nervenzellen mit jeweils (!) etwa 10 000 Verbindungen eine unvorstellbare Aufgabe.

Und das zeigt sich auch im Ergebnis, das bislang erreicht werden konnte: Nach Jahren intensiver Arbeit von weltweit führenden Experten auf diesem Gebiet sind die Fortschritte bescheiden. Mittlerweile geht man davon aus, dass die notwendige Computerrechenleistung aktueller Hochleistungsrechner noch gar nicht ausreicht und erst in knapp zehn Jahren zur Verfügung stehen wird.

Das Hirn sitzt am längeren Hebel

Vielleicht hast du beim Lesen bis hierhin bereits den Verdacht geschöpft, dass das Gehirn in unseren Köpfen ein ziemliches Eigenleben führt. Stimmt genau. Sehr gut lässt sich das am Beispiel des um sich greifenden Übergewichts erklären, das es eigentlich gar nicht geben müsste. Schließlich kann unser Körper ja sehr gut steuern, wie er mit Nahrung, die wir aufnehmen, umgeht. Er hat über Jahrhunderttausende gelernt, möglichst effizient zu sein und auch längere Zeit ohne Nahrungsaufnahme klarzukommen. Dazu hält er zum Beispiel den Blutzuckerspiegel durch den Aufbau von Zucker aus den Reserven stabil.

Doch unser Gehirn, das auf seinen Treibstoff Zucker angewiesen ist, wählt gern den bequemeren Weg, um sich mit Energie zu versorgen. Zum einen sorgte es durch seinen Einfallsreichtum für eine leichte Verfügbarkeit von Kalorien: Supermärkte, Kühlschränke und Schokoriegel – all das sind seine Erfindungen. Zum anderen produziert es, sobald der Blutzuckerspiegel fällt, Heißhunger auf einfache Kohlenhydrate, um nicht warten zu müssen. Plötzlich stehen wir dann vor dem Kühlschrank oder am Süßigkeitenautomaten und stopfen uns irgendetwas hinein. Im Großen und Ganzen sinnvoll, wird die allgegenwärtige Verfügbarkeit von Essbarem zum Gesundheitsrisiko. Die Spätfolgen davon, sich so viel Energie hineinzuschaufeln, wie es unser egoistisches Gehirn gern möchte – die Wissenschaft spricht von »Brainpull« – sind das zunehmende Übergewicht der Bevölkerung und all die damit verbundenen gesundheitlichen Risiken.

Außerdem kommt dabei noch ein anderer Kreislauf in Gang. Meine These in diesem Zusammenhang: Es muss immer ein neues Problem her, damit die viele Energie genutzt wird. Und so, wie sich das Gehirn beinahe selbstständig mit Zucker versorgen kann – den es sich aus dem Körper oder direkt mittels Heißhunger aus dem Süßigkeitenregal holt – so kann es sich auch selbstständig mit Problemen versorgen.

Ausgangssituation und Ziel

Die Evolution hat uns also einen Hochleistungs-Problemjongleur im Kopf beschert, um das Überleben zu sichern. Doch da sich unsere Lebensumstände über die Zeit grundlegend geändert haben, macht der nun sein eigenes Ding. Er schafft uns Probleme, um etwas zu tun zu haben – und er belohnt uns mit Glückshormonen, wenn wir diese Probleme lösen. Für einen Moment fühlt es sich toll an, aber es wachsen sofort neue Probleme nach.

Stell dir vor, wie es wäre, wenn du diesen Mechanismus verändern könntest. Wäre es nicht ebenso toll, aus dem Stress aussteigen zu können, der mit dem Heer an immer neuen Problemen und Problemchen und dem Ankämpfen dagegen einhergeht? Wären wir nicht viel entspannter, wenn wir uns gezielter den wirklich wichtigen Dingen widmen könnten, statt uns über ein fünf Cent höheres Briefporto und Ähnliches aufzuregen?

Dazu brauchen wir eine neue innere Einstellung, die uns erlaubt, Probleme als etwas Gutes anzusehen, sie auch mal eine Zeit lang ungelöst zu lassen und zugleich aber auch mal Langeweile zu ertragen. All das ist für uns ungewohnt oder sogar erlernt unangenehm, und so gilt es herauszufinden, wie wir es leichter aushalten, ja vielleicht sogar genießen können.

Denn ahnst du etwas? Wenn das gelingt, dann ist das gute Lebensgefühl, das wir nach dem Lösen eines Problems haben, dauerhafter vorhanden. Und zwar zusammen mit den Problemen. Im folgenden Abschnitt wollen wir uns dieser Idee schon mal annähern, bevor wird dann in weiteren Kapiteln ganz konkret das neue Ziel ansteuern.

Die biologische Basis

Unser Gehirn ist ein faszinierendes Organ, das uns zu dem macht, was wir sind. Wir brauchen es für den konstruktiven Umgang mit Problemen, die uns durchs Leben begleiten. Deshalb hier auch einige biologische Aspekte, die ihm seine Arbeit erleichtern.

Alter: Die gute Nachricht zuerst – ein gesundes Gehirn bleibt bis zu unserem letzten Atemzug flexibel und lernfähig. Zwar lässt diese Flexibilität im Laufe unseres Lebens etwas nach, aber mit den richtigen Zutaten bleiben wir geistig fit. Das bedeutet: Es ist nie zu spät für den ersten Schritt in dein neues Leben.

Baustoffe: Wie jedes Organ besteht unser Gehirn aus Substanz und damit letztlich aus Molekülen. Diese werden zum Teil aus Nahrungsbestandteilen aufgebaut, zum Teil benötigt unser Körper aber auch Fertigbauteile, weil er sie nicht selbst herstellen kann. Diese müssen wir durch Nahrung zu uns nehmen. Neben Vitaminen, Aminosäuren und Mineralstoffen sind vor allem die essenziellen Fettsäuren zu nennen, da unser Gehirn zur Hälfte aus Fetten besteht. Hervorzuheben ist DHA, eine Omega-3-Fettsäure, die wiederum fast fünfzig Prozent des Fettanteils im Gehirn ausmacht. Sie ist für die Funktion unseres Gehirns entscheidend und sollte ausreichend in der täglichen Nahrung vorhanden sein (siehe Seite 191). Das gilt vor allem für werdende Mütter, deren heranwachsendes Kind ja das gesamte Nervensystem überhaupt erst aufbauen muss. Insgesamt gilt: Du bist, was du isst. Im Zweifelsfall kann dir eine Blutuntersuchung im Speziallabor zeigen, ob ein Mangel an bestimmten Fettsäuren, Vitaminen oder Spurenelementen bei dir vorliegt und ausgeglichen werden sollte.

Energie: Unser Gehirn braucht viel Energie und ist deshalb von einem stabilen Blutzuckerspiegel abhängig. Zu viel Zucker ist problematisch, weil er zu Blutzuckerschwankungen führt. Ideal sind für unser Gehirn in der Regel mehrere ausgewogene Mahlzeiten, die auch die richtigen Fette enthalten sollten. Als einfache Regel gilt: Heißhungerattacken sind ein Zeichen dafür, dass etwas nicht stimmt, und sehr oft sind es zu viele einfache Kohlenhydrate (siehe Seite 23).

Schlaf: Ausreichend Schlaf ist für unsere Gehirngesundheit sehr wichtig, denn im Schlaf wird aus flüchtigen Gedanken abrufbares Wissen. Neue Untersuchungen zeigen aber noch etwas: Unser Gehirn scheidet nur bei ausreichend Schlaf schädliche Stoffwechselreste aus. Ich empfehle deshalb möglichst oft etwa acht Stunden ungestörten Nachtschlaf. Für die meisten Menschen bedeutet das einfach: früher ins Bett.

Input: Neben Substanztransport und Energie geht es im Gehirn natürlich vor allem um Informationen. Und da gilt gerade in der heutigen Informationsflut: Was ich nicht weiß, macht mich nicht heiß. Meine Empfehlung: nach 18 Uhr Nachrichten, Krimis, sorgenvolle Gedanken und »Problemgespräche« gut dosieren und nach 22 Uhr ganz meiden. Wer etwas nicht aus dem Kopf bekommt: eine To-do-Liste für den nächsten Tag schreiben und dann – loslassen. Ziel ist es, mit guten Gedanken ins Bett zu gehen. Dazu ist ein kleines »Schöne-Dinge-Tagebuch« sehr hilfreich: vor dem Zubettgehen drei Dinge, die am Tag positiv aufgefallen sind, aktiv erinnern und handschriftlich festhalten.

Problembeladen glücklich!

»Von allen Sorgen, die ich mir machte,
sind die meisten nicht eingetroffen.«

SVEN HEDIN

Wenn wir etwas einmal gelernt haben und damit erfolgreich waren, dann nutzen wir dieses Wissen und Können. Das klingt soweit vernünftig, ist es aber nicht immer, wie folgende Geschichte zeigt: Kurz nachdem ich meine Frau kennengelernt hatte, unternahmen wir eine Reise durch die USA. Wir fuhren einige Zeit mit einem Leihwagen durch eine sehr heiße Wüstengegend und hatten unsere Ausrüstung in zwei großen Taschen verstaut. Da wir meistens auch im Fahrzeug übernachteten, mussten wir diese morgens und abends umladen, und eines Tages riss dabei eine der Taschen. Natürlich auch um meine Frau zu beeindrucken, erklärte ich ihr, dass dies kein Problem sei und ich den Schaden sofort reparieren würde. Ich wollte die Tasche nähen, denn als Arzt hatte ich ja Nähen gelernt.

Ich räumte alles heraus, nahm Nadel und Faden zur Hand, beugte mich über die Tasche, die ich auf unseren Campingtisch gelegt hatte, und fing an zu arbeiten – sehr mühsam, denn in der schwarzen Tasche war es extrem heiß, und ich konnte, weil sie ja schwarz war, kaum etwas erkennen. Nach ein paar Minuten sah meine Frau, was ich machte, und meinte skeptisch: »Du weißt schon, dass man eine solche Tasche auch umkrempeln kann?«

Auf diese naheliegende Idee war ich nicht gekommen und mein Ziel, etwas Eindruck zu machen, hatte wohl eher zum Gegenteil geführt. Zum Glück hat sie mich trotzdem geheiratet. Und ich wurde im Nachhinein noch mit einer Erkenntnis über mein merkwürdiges Verhalten belohnt: Meine Erfahrung mit dem Nähen hatte ich aus der medizinischen Ambulanz und bei Operationen gesammelt und da konnte ich den Patienten natürlich nicht umkrempeln, sondern musste mühsam dort hinkommen, wo eben genäht werden musste.

Sich selbst auf die Schliche zu kommen, ist ein notwendiger erster Schritt, wenn wir in unserem Leben und Erleben etwas erfolgreich verändern wollen.

Diese Geschichte illustriert, was uns so oft im Leben passiert: Wir versuchen die Dinge so zu machen, wie wir es immer tun – und genau damit erreichen wir zuweilen das Gegenteil von dem, was wir wollen. Das Ganze wird aufgrund unserer Erfahrung eben gerade nicht unbedingt leicht(er). Und häufig funktioniert es gar nicht. Bei unserem Umgang mit Problemen ist das genauso: Wir versuchen, das Altbekannte beizubehalten, obwohl es oftmals nicht mehr passt – und genau deshalb bleiben uns manche Probleme über Jahre erhalten, oder wir erschaffen uns unnötigerweise sogar erst welche. Altbekannt ist es für uns auch, Probleme als etwas, nun ja, Problematisches anzusehen, als etwas, das weg muss. Auch damit machen wir uns das Leben schwerer, als es nötig ist.

Falsche Freunde unter den Lösungen

Unser Gehirn mag es, wenn es etwas kennt und wiedererkennt. Vielleicht sind die Dinge nicht schön, aber sie sind uns vertraut und die Vertrautheit gibt uns eine gewisse Sicherheit. In der Psychologie kennt man sogar ein Extrem dieses Phänomens: Frauen, die sich immer wieder gewalttätige Partner suchen. Man sollte meinen, dass eine Frau, die einer solchen destruktiven Beziehung entkommen ist, aufgrund ihrer dramatischen Erfahrung bei einem neuen Partner sehr darauf achtet, dass dieser auf keinen Fall zu Gewalt neigt. Statistisch gesehen ist jedoch das Gegenteil der Fall. Eine Erklärung dafür ist, dass die Betreffende eine solche Art Beziehung kennt – vielleicht sogar schon von ihren Eltern – und Folgendes gelernt hat: »So sind Beziehungen offenbar, aber das Leben ging immer weiter.« Der unbewusste Fehlschluss: Gewalt ist ein notwendiges Übel in einer Beziehung. Eine psychologische Behandlung besteht in solchen Fällen darin, der Klientin einen solchen verdeckten Zusammenhang bewusst zu machen. In dem Moment, in dem dieser der Frau klar wird, hat sie nämlich die Möglichkeit, bewusst gegenzusteuern.

Eine gute Nachricht: Wir können erlernte Verhaltensmechanismen, die hinderlich oder gar zerstörerisch (geworden) sind, erkennen und dann auch verändern.

Die an sich wichtige Fähigkeit unseres Oberstübchens, Abläufe wiederzuerkennen und sich an immer gleichen Mustern zu orientieren, kann also ungünstige Effekte haben. Einen solchen Mechanismus zu erkennen und ihm entgegenzuwirken, ist oft zwar sehr hilfreich – wir können es damit aber auch übertreiben. Vor allem wenn wir versuchen, damit alles zu kontrollieren. Dann wehren wir uns beispielsweise dagegen, uns zu verlieben, weil wir den Schmerz, zurückgewiesen zu werden, schon mehrfach erlebt haben und künftig vermeiden wollen. Dabei aber passiert meist Folgendes: Wir leiden jetzt schon. Weil wir den Menschen, dem wir gern näherkommen würden, von uns schieben und gegen die immer wieder aufflammenden Gefühle in uns ankämpfen. Die vermeintliche Logik, dass dieses Leid irgendwie besser sei, weil wir es selbst kontrollieren, statt dabei vom anderen abhängig zu sein, ist natürlich Quatsch. Nebenbei verspielen wir auch noch die Chance, dass wir ja möglicherweise nicht zurückgewiesen würden – und diese ist meist höher, als wir es uns selbst zugestehen.

Erlernte Hilflosigkeit

Betrachten wir Probleme hier einmal unter dem Aspekt der Lösung. Es gibt Lösungen, die funktionieren, aber viel zu kurz greifen und oft weitere Probleme hervorrufen. Dennoch lernt unser Gehirn nicht zuletzt durch den kurzzeitigen Erfolg, die entsprechenden Strategien ungefragt weiter einzusetzen.

Wenn sich jemand beispielsweise in seinem Beruf überfordert oder zu wenig wertgeschätzt fühlt, ist das auf Dauer eine ziemliche Belastung. Erkrankt dieser Mensch dann, macht er die Erfahrung, erst mal nicht mehr zur Arbeit gehen zu müssen und sich dem schwierigen Umfeld entziehen zu können. Das kann für sein Gehirn eine Lösung sein. Dass dies sein Grundproblem nicht wirklich löst, steht außer Frage, aber es ist eine größtenteils vorbewusste Reaktion, ein natürlicher Mechanismus. Und damit zunächst eine Antwort auf das Problem.

Daraus kann ein ungünstiger Dauerzustand entstehen, eine Spirale, die dafür sorgt, immer wieder oder dauerhaft krank zu sein – mit allen Folgen. Anders als man meinen könnte, simuliert der oder die Betroffene nicht. Tatsächlich tut unser Körper uns nicht selten den Gefallen, und entwickelt echte Symptome. Ich erlebe als Arzt und Coach öfter Menschen, die in eine solche Situation der (im Fachjargon so genannten) »erlernten Hilflosigkeit« geraten sind. Die Aufgabe besteht dann darin, diesen Mechanismus zu erkennen und andere Lösungen zu entwickeln. Wie wir später sehen werden, spielt die Aktivierung der Selbstwirksamkeit dabei eine wichtige Rolle.

Gibt es nur den einen Weg?

Ausweichmanöver und festgefahrene Verhaltensweisen kennen wir alle, und so etwas ist natürlich auch mir passiert: Im Medizinstudium folgt nach zwei Jahren der »Vorklinik« mit viel Theorie zu Anatomie, Chemie und so weiter das Physikum und danach beginnt die »Klinik«, bei der es viel konkreter um Krankheiten und Patienten geht. Die Verantwortung als Arzt wurde mir dabei mit jedem Fall noch einmal sehr deutlich und ich fragte mich: Will und kann ich das? Bald wurde die wissenschaftliche Forschung für mich eine gute Möglichkeit, der Frage aus dem Weg zu gehen. Ich bewarb mich um ein Stipendium, wurde ausgewählt und ging in die USA, um dort Grundlagenforschung zum Thema Aufmerksamkeit zu betreiben.

Doch dann erkrankte mein Vater, selbst niedergelassener Arzt, sehr schwer, und ich kam Hals über Kopf zurück nach Deutschland. Da sich kein Vertreter oder Nachfolger fand, entschied ich mich, die Patientenversorgung an seiner Stelle zu übernehmen. Doch dazu musste ich noch verschiedene Pflichtzeiten im Krankenhaus erfüllen und wollte auch noch die Forschungsarbeit abschließen. Es war eine riesige Herausforderung und ich habe ein paar Jahre lang sehr viel gearbeitet. Das Problem hat mich vollständig gefordert und an meine Grenzen geführt. Nachdem ich die Facharztzeiten im Krankenhaus abgearbeitet hatte, wurde es besser, und ich begann genau die Verantwortung, deren Vorstellung mir im Studium so schwer auf den Schultern gelastet hatte, gut zu meistern.

Was mir dann allerdings zu schaffen machte, war: Ich hatte jetzt eine Praxis zu führen – eine Art von Fulltime-Job, wie ich ihn mir nie gewünscht hatte. In der Notsituation war es für mich selbstverständlich gewesen, doch ich begann mir jetzt Gedanken darüber zu machen, wie es eigentlich weitergehen sollte. Ich hatte ein neues Problem, an dem ich herumkaute. Und wie ich es auch drehte und wendete: Ich hatte das Gefühl, dass das, was ich tat, so nicht zu mir passte. Die Krise verstärkte sich noch, als mein Vater starb. Ich hatte den Eindruck, keine Wahl zu haben. Eine Praxis ist eben eine Praxis und mein Spielraum schien mir sehr klein.

Die Einladung zu einem Seminar von einem Coach sollte mich weiterbringen. An diesem Tag hatte ich die Erkenntnis, dass sich Forschung und Praxis nicht ausschließen müssen, und ich begann ein Einzel-Coaching. Über etliche, teilweise abenteuerliche Umwege, zu denen eine lange Wanderung und ein berufsbegleitendes Studium gehörten, bin ich dann zu dem gekommen, was ich jetzt tue: Ich biete Integrative Medizin auf Basis von Narrativem Mentoring an und das nicht nur als Arzt in der Praxis, sondern auch als Coach, Redner und Autor. Hier eine kurze Erklärung dieses Ansatzes:

Integrative Medizin: verbindet wissenschaftliche mit traditionellen Heilmethoden und Konzepten.

Narratives Mentoring: setzt sich aus »Narrativ« für »das Erzählte« (in diesem Fall die eigene Lebensgeschichte) und »Mentoring« zusammen. Letzteres meint einen Wissenstransfer zum Beispiel von Coach zu Klient. Es geht um eine Haltung, die es uns erlaubt, auf das, was wir uns über uns und unser Leben erzählen, reflektierend zu schauen.

Es gab also doch einen anderen Weg. Was aber hatte mich zuvor daran gehindert? Ich hatte mir eine Begründung dafür zurechtgelegt, dass ich ein vorbestimmtes Arbeitsleben als Hausarzt vor mir habe. Und ich habe über eine ganze Zeit meine Argumente geglaubt. Bis ich begann, einen neuen Weg zu suchen. Ich erzähle das, weil ich dir gern klarmachen möchte, wie wichtig es ist, sich eine neue Sicht zu erarbeiten. Sonst gerät man in eine »selbst erfüllende Prophezeiung«. Das heißt, wir machen uns eine bestimmte Vorstellung darüber, wie unsere Zukunft aussehen wird. Diese Idee betrachten wir als verlässliche Vorhersage und glauben an sie. Und dieser feste Glaube ist verantwortlich dafür, dass unsere Erwartung sich dann auch tatsächlich erfüllt, obwohl auch viele andere Verläufe möglich wären.

Platz für Neues im Kopf – und im Leben

Umdenken kann für ganz viele Lebensbereiche wichtig werden. Vielleicht möchtest du zum Beispiel sehr gern ein Instrument spielen lernen, glaubst aber, unmusikalisch zu sein. Oder du leidest darunter, kein Englisch zu sprechen und »der Welt da draußen« deswegen irgendwie nicht so richtig gewachsen zu sein, und du redest dir ein, dass du für Fremdsprachen nicht begabt seist. Solche Begründungen, die zu einer inneren Haltung werden können, bestimmen unsere Lebenswirklichkeit ganz entscheidend mit. Denn wir halten sie nicht nur für wahr, sie werden in unserem Gehirn mit jedem neuen Gedanken fest verdrahtet und damit für uns tatsächlich Realität.

Ich arbeite hier gern mit einem Bild: Ist eine solche innere Haltung erst mal da, dann ist sie fest in dem Netzwerk unseres Gehirns verbaut. Wie bei einer Zündschnur reicht dann eine scheinbar unverfängliche Situation, um alles hochgehen zu lassen. Dann sitzt du zum Beispiel in einem Konzert, genießt die Musik – und obwohl es gerade so schön ist, entzündet sich genau jetzt die Zündschnur, das Netzwerk wird aktiv und heraus kommt der Gedanke: »Wenn ich damals nur auch die Möglichkeit gehabt hätte, Klavierunterricht zu nehmen …« Das Konzert kannst du ab dem Moment einfach nicht mehr genießen. Du sitzt im gleichen schönen Saal, hörst noch immer die wunderbare Musik – aber du leidest jetzt.

Dass diese Zündschnur da ist, das kannst du nicht ändern. Dass diese Bahnen in deinem Gehirn fest verdrahtet sind, das ist in diesem Moment Realität. Was du aber mit der Zeit erreichen kannst, ist, dass sich eine andere Bahn in deinem Gehirn bildet, die dann zu einer Alternative wird. Wenn die alte Strecke über Jahre und Jahrzehnte benutzt wurde, dann wirst du sie natürlich nicht so schnell los. Vielleicht überhaupt nie. Aber du kannst trotzdem eine neue Strecke ausbauen, und im Idealfall hast du dann die Wahl, welchen Weg du gehen willst. Und dann sitzt du bald wieder einmal in einem Konzert, merkst, wie die Zündschnur zu qualmen beginnt und die ersten destruktiven Gedanken auftauchen. Und dann kannst du etwas Neues probieren. Zum Beispiel indem du diese bekannten Gedanken begrüßt und mit ihnen verhandelst. Das könnte wie folgt aussehen: »Ach, da seid ihr ja wieder. Ich habe mal eine Bitte, ich genieße gerade die Musik, kommt doch einfach später noch mal.« Das kommt dir vielleicht etwas komisch vor, wenn du aber bedenkst, dass du auch in anderen Situationen mit dir selbst redest (wie wir alle), dann probier es doch einfach mal aus.

Unser Alltag ist voller Situationen, die wie Zündschnüre wirken und Gedanken über uns selbst in Gang setzen. Wir können aber lernen, solche Zündschnüre umzuleiten.

Manchmal bemerkt man die brennende Zündschnur erst spät, vielleicht in der Pause oder nach dem Konzert. Aber selbst dann funktioniert ein innerer Dialog, und du hast nicht mehr drei Tage lang schlechte Laune, weil du (bisher) nicht Klavier spielen gelernt hast. Und bist du ein wenig in Übung, kannst du manchmal sogar die Zündschnur löschen, nämlich dann, wenn du es schaffst, eine andere Emotion mit dieser Selbstbeobachtung zu verknüpfen. Ich empfehle da eine neugierige Haltung und etwas Humor, denn es kann ganz schön komisch sein, wenn man sich selbst dabei zusieht, wie man denkt.

Der Weg ist, die immer gleichen Muster zu durchbrechen und so das Gehirn zu trainieren. Eine effektive Methode könnte heißen – halt dich fest: ein größeres Problem an die Stelle des alten zu setzen. Im Beispiel unseres Konzertbesuches bedeutet dieses größere Problem dann vielleicht, tatsächlich Klavierstunden zu nehmen oder eben Gesangsstunden, weil uns das noch besser entspricht oder eine gute Alternative darstellt, wenn in der Wohnung kein Platz für ein Klavier zum Üben ist.

Auch du liebst deine Probleme – du weißt es nur noch nicht

Um all die Dinge, die bisher angesprochen wurden, wird es in den folgenden Kapiteln ausführlicher gehen. Bald wirst du merken: »Eigentlich« liebst du deine Probleme. Schon als kleine Kinder haben wir uns in sie hineinverbissen, bis wir eine Lösung gefunden haben. Ein kleines Kind könnte, nachdem es beim Laufenlernen ein paarmal hingefallen ist, schließlich sagen: »Ich glaube, das ist nichts für mich. Ich habe es probiert, aber ehrlich, ich lasse es lieber.« Das könnte es machen, es muss ja nicht laufen, die Eltern versorgten es bisher mit allem, was nötig ist, und es gibt keinen Grund zu glauben, dass sie damit aufhören würden. Aber einem solchen Kind bin ich bisher noch nicht begegnet – du vermutlich auch nicht.

Als Erwachsene wägen wir im Unterschied zu dem kleinen Kind, das laufen lernt, immer ab. Wir können sagen: »Ich will zwar Klavier spielen, aber ich kann ja nicht, weil …« Wir ärgern uns, tun aber auch nichts Konstruktives. Dieses Vermeidungsverhalten hat vor allem einen Zweck: Es soll (soziale) Schmerzen vermeiden, uns Rückschläge ersparen, Spott vielleicht. Wir schalten lieber unseren Begründungsapparat ein, der uns je nach Gebiet ein Universalproblem einredet: »Ich bin unmusikalisch« oder »Ich hab's nicht so mit Sport« oder »Ich bin einfach nicht handwerklich begabt«. Die Sache wird zu einer unumstößlichen Feststellung und letztlich zu einem »Naturgesetz« für uns – und dann haben wir ein Problem, an dem wir leiden, ohne dass wir eine Lösung zulassen. Denn würden wir uns erlauben, eine gegenteilige Erfahrung zu machen, könnte schließlich das ganze Gebäude unserer Begründungsgeschichte – und damit ein Teil unserer Identität – einstürzen. Solche Universalprobleme sind deshalb sehr hartnäckig und werden von uns automatisch verteidigt – aber wenn eine solche Nuss erst mal geknackt ist, öffnen sich uns eine Menge Türen. Wir haben also tatsächlich eine Wahl, ganz nach dem Motto des Sprichwortes: »Wer will, findet Wege, wer nicht will, findet Gründe.«

Wir Menschen haben Freude daran, Herausforderungen zu bestehen – von Sudoku über virtuelle Spiele bis hin zur Besteigung eines Berggipfels. Diese »Problemlust« können wir allein genießen oder – wie bei Spielen – auch mit anderen teilen.

Einer dieser Wege ist, neue Erfahrungen aktiv anzugehen und zu erleben – und dabei zu beobachten, was das mit uns macht (Beispiel Klavierunterricht). Ein sehr wirksamer anderer Weg ist es, unsere Begründungsgeschichte dadurch loszulassen, dass wir uns einen Ersatz suchen, der uns aktuell begeistert (Beispiel Gesangsunterricht). In jedem Fall werden wir aktiv und erleben uns als befähigt. Das stärkt unsere Selbstwirksamkeit (siehe Seite 9) und durch die neu entstehenden Netzwerke kappen wir auch gleich ein paar alte Zündschnüre.

Eine Wende herbeiführen

Über die Jahre fügt sich in unserem Gehirn und damit auch in unserem Denken, Empfinden und Handeln vieles ziemlich fest zusammen. Ein Schock, eine Lebenskrise können solche Verbindungen lockern und Platz für neue Erfahrungen machen. Vielleicht erzählt uns das Kompetenznetzwerk in unserem Kopf jahrzehntelang, dass wir unfähig und unnütz seien. Egal, worum es geht, dieses Muster mischt immer mit.

Diese »erlernte Hilflosigkeit« (siehe Seite 30) funktioniert natürlich nur, wenn wir irgendwie aufgefangen werden. Bricht dann in einer Krise das schützende Netz weg, müssen wir uns wohl oder übel beweisen, wozu wir tatsächlich in der Lage sind.

Impuls

Menschen lieben Herausforderungen. Das zeigt sich etwa an beliebten Sportarten wie Bouldern oder dem neuen Standup Paddling. Such auch du dir ein reizvolles Problem – heute gerne »Challenge« genannt. Hier ein paar kurze Anleitungen dazu:

1. Schreib drei Dinge auf einen Zettel, die du gerne machen würdest, bisher aber nicht verwirklicht hast. Das kann ein lang gehegter Wunsch aus der Kindheit sein, etwa »einmal im Leben Traktor fahren«, oder auch ein erst kürzlich aufgetauchtes Anliegen, wie »den Keller entrümpeln«.

2. Such dir fürs Erste von den drei Vorhaben dasjenige heraus, das dir zeitlich am einfachsten zu verwirklichen scheint.

3. Überleg, welchen ersten Schritt du hin zur Umsetzung machen könntest, und führ diesen Schritt aus. Das Weitere ergibt sich dann in den meisten Fällen von selbst.

4. Wenn du irgendwann unterwegs zum Ziel stecken bleibst, sei nicht ärgerlich. Vielleicht brauchst du eine Pause oder du überlegst, ob du anders vorgehen könntest. Vielleicht kommst du aber auch zu dem Schluss, dass dir dein Anliegen gar nicht so wichtig ist, wie du dachtest. Dann schreibst du es unten auf die Liste oder streichst es ganz von deinem Wunschzettel.

Ziel der Übung ist die Erfahrung, etwas mit Absicht zu machen oder zu unterlassen.

Viele Menschen wachsen dann über sich und auch über dieses Muster hinaus. Im Gehirn bilden sich neue Allianzen, die unsere Kompetenz stärken.

Manchmal erleben Menschen einen solchen Schock durch Unfall, Naturgewalt, eine unerwartete Trennung, die Krankheit eines Kindes, und das ganze bisherige Glaubensgebäude bricht zusammen. Im Nachhinein berichten viele, dass eben dieses krisenhafte Ereignis zwar sehr schmerzhaft, aber auch sehr wichtig in ihrem Leben war. Übrigens geht das Wort »Krise« auf das griechische Wort für »Wende« zurück, und genau die tritt in solchen Fällen oft ja auch ein.

Du brauchst aber zum Glück keine ernsthafte Katastrophe, um festgefahrene Strukturen in deinem Denken aufzulösen und wieder Raum für Neues und Wunderbares zu schaffen. Vielleicht wird es sich ein wenig nach Krise anfühlen – aber du weißt ja jetzt, dass es nur um eine Wende geht und die ist meistens nötig und erwünscht. Lies einfach weiter und lass dich überraschen, was sich so alles mit Problemen anstellen lässt. Geliefert werden sie vom Leben jedenfalls frei Haus. Und dieses Buch liefert dir eine Menge Anregungen, künftig ganz anders mit ihnen umzugehen und zu einer völlig neuen Partnerschaft mit deinem Denken zu kommen. Jedes der vier folgenden Kapitel zeigt eine wahrscheinlich unerwartete Art, mit Problemen umzugehen.

Problembeladen glücklich 1:

Probleme sind Auszeichnungen

Du hast viele Probleme? Dann sieh es doch mal so: Mit jedem Problem sagt dir das Leben, dass du es draufhast. Dass du in der Lage bist, mit Schwierigkeiten umzugehen. Aber auch, dass es dich und dein Gehirn dringend für die weitere Evolution braucht. Das Leben zählt auf dich!

Es läuft nicht, wie du willst? Super!

»Probleme sind die Medaillen,
die dir die Evolution verleiht.«
AUTOR UNBEKANNT

Es gibt eine Tatsache, die wir über unseren Problemen ganz oft vergessen: Sie sind ein Gütesiegel für uns. Wenn etwa ein Arzt morgens in sein Wartezimmer guckt und dort vierzig Patienten sitzen sieht, dann kann er stöhnen und sich genervt denken, dass er wieder keine Mittagspause haben wird. Er kann aber auch sagen: »Wow, vierzig Leute wollen von mir behandelt werden! Die warten alle, um mit mir sprechen zu dürfen. Was für eine Anerkennung!« Auf dieser Basis kann er dann den nächsten Gedanken lenken: »Ja, es ist gut was los, und ich möchte das beste Ergebnis für alle Beteiligten erreichen. In drei Stunden sollen alle gut versorgt wieder zu Hause sein.«

Seine Einstellung und seine Energie ändern sich erheblich – obwohl immer noch vierzig Leute warten. Und mit dieser Haltung ändert sich dann auch etwas im Umfeld, denn der Arzt wird ruhiger und entspannter sein, und das überträgt sich auch auf sein Team und die Patientinnen und Patienten. Nicht umsonst sagt man: »In der Ruhe liegt die Kraft.«

Wenn du Probleme hast, ist das eine Auszeichnung, die das Leben dir verleiht. Natürlich sind sie auch zuweilen lästig. Ein volles Wartezimmer oder ein überbordender Schreibtisch können lästig sein. Kinder zu haben, ist oft furchtbar lästig. Und zugleich oft unsagbar schön. Auf jeden Fall aber ist es eine Auszeichnung, denn fast alle Probleme bekommen wir nur, weil wir alle vorherigen gelöst haben. Das qualifiziert uns dafür, uns auch den aktuellen zu stellen.

Dass wir gern nur die eine Seite der Medaille sehen (die lästige), liegt daran, dass unser Gehirn versucht, Schwarz oder Weiß zu erzeugen, denn es ist schwer auszuhalten, dass die Dinge »sowohl als auch« sind. Aber ein und dieselbe Situation oder Sachlage ist immer sowohl schwarz als auch weiß – je nach Blickwinkel. Wir haben die Deutungshoheit. Wir können auf das Schwarze starren – und damit problematisieren oder gar katastrophisieren – oder eben auf das Weiße blicken.

Ein Merkspruch, der gegen unsere automatisch oft negativen Interpretationen hilft, lautet: G. N. A. D. E. – Glaube nicht allen deinen Eingebungen!

Letzteres tut unser Arzt im zweiten Fall, wenn er die Herausforderung annimmt: Er lässt die negative Interpretation weg. Das heißt, er verknüpft nicht die Tatsache, dass vierzig Leute in seinem Wartezimmer sitzen, mit der Schlussfolgerung, dass ihn das wieder die Mittagspause kosten wird. Das erste ist ein Fakt, das zweite eine Interpretation, eine Möglichkeit, die überhaupt nicht eintreffen muss. Zu sehen, dass es verschiedene Sichtweisen gibt, ist der erste Schritt hinein in einen souveränen Umgang mit den eigenen Problemen.

Kein Schönreden

Es geht nicht darum, sich Schwierigkeiten rosa anzumalen und so zu tun, als wären da gar keine Hügel oder Berge, über die wir müssen. Vielmehr ist es wichtig, die eigenen Prognosen zu hinterfragen. Würden wir uns alles nur schönreden, schöpften wir auf Dauer keine Energie aus einer positiven Sicht, sondern merkten irgendwann, dass wir uns selbst betrügen.

Wenn es unserem Arzt mit seinem vollen Wartezimmer regelmäßig nicht gelingt, die Patienten in einem sinnvollen

Zeitraum zu versorgen, dann hat es keinen Sinn, wenn er sich jeden Morgen sagt: »Super, dass so viele Patienten da sind. Ich freue mich, was für eine Anerkennung!« Wenn etwas nicht zu schaffen ist, dann ist es sinnvoll, aus einer positiven Haltung heraus einen neuen Weg zu suchen. Die Auszeichnung hat er bereits bekommen: Viele Menschen wollen seine Unterstützung. Um die geben zu können, braucht er wahrscheinlich eine andere Praxisorganisation. Ich habe Ärzte erlebt, die nach Jahren von Dauerstress einen Abstellraum in der Praxis zu einem zusätzlichen Behandlungsraum umbauten – und plötzlich lief es, weil die Arbeitsabläufe dadurch effektiver ineinandergriffen. Aber auf diese Idee konnten sie jahrelang nicht kommen, weil sie im Problemstress gefangen waren. In einer Opferhaltung. Und der erste hilfreiche Schritt war es, das Problem als das anzusehen, was es war: eine Auszeichnung für ihre Leistungen. Sie konnten so das Problem öffnen und bewusster und sinnvoller bearbeiten.

Probleme öffnen

Es gibt große und kleine Probleme. Vor allem aber gibt es geschlossene und offene Probleme. Geschlossene Probleme haben im Gehirn schon ein sich selbst verstärkendes Netzwerk an Neuronen gebildet. Wann immer entsprechende Reize – eine Bemerkung, eine rote Ampel, oder eben ein volles Wartezimmer – von außen auftauchen, wird dieses Netzwerk wieder aktiviert und unterhält sich so selbst, ja festigt sich sogar noch. Wie in einem Motodrom ziehen dann die Gedanken Kreise, immer schneller und schneller. In solchen Fällen ist es wichtig, die Probleme erst einmal wieder zu »öffnen«, sich also einen Ausgang aus dem Gedankenkarussell zu erschließen. Genau das bietet dir letztlich jedes Kapitel in diesem Buch.

Probleme funktionieren in gewisser Weise wie Ängste. Wir wollen sie nicht haben, wehren sie ab und verstärken sie genau dadurch. So wie wir Angst vor der Angst haben können, haben wir auch häufig ein Problem mit unseren Problemen – mit denen, die real da sind, und mit denen, die uns möglicherweise eines Tages heimsuchen könnten. In diesem Setting empfinden wir uns als Opfer und wenig selbstwirksam.

Impuls

Mir ist sehr wichtig, dass du nicht einfach glaubst, was ich hier erzähle. Untersuche und überprüfe es in deinem eigenen Leben und in deinem Umfeld. Erst dadurch wird es wertvoll für dich und anwendbar. Um hinter das Geheimnis der Auszeichnung zu kommen und so zum »Problemöffner« zu werden, kannst du wie folgt Schritt für Schritt vorgehen.

1. Schreib ein paar Probleme jeweils auf ein Blatt Papier, noch besser: jeweils auf eine Seite in ein Notizbuch. Wichtig: Schreib so objektiv wie möglich, lass also alle Wertungen weg. Es hilft, wenn du eine Beobachterposition einnimmst und »die Szene« mit dir als Akteur beschreibst statt aus deiner Perspektive.

2. Notiere nun unter jedes Problem: Inwieweit ist es eine Auszeichnung? Welche Kompetenzen erwartest du oder erwarten andere von dir?

3. Überlege und notiere, was du einem anderen als Beobachter raten würdest. Schreibe auch das auf.

4. Du kannst die Liste jederzeit modifizieren, wenn dir ein neues Problem, eine neue Auszeichnung oder auch ein Lösungsansatz einfällt. Wenn du ein Notizbuch verwendest, entsteht so ein Logbuch deiner Entwicklung.

Du bist zu gut für den Normalbetrieb

Die meisten von uns haben eine viel größere Problemlösekapazität, als wir sie im Alltag brauchen und vor allem einsetzen. Oder anders auf den Punkt gebracht: Wer viele Probleme hat, hat offenbar auch eine hohe Kapazität, sie zu lösen. Hört sich das nicht super an? Es klingt ganz anders als das übliche »Ich habe so viele Probleme, weil ich offenbar nichts gebacken kriege«. Wenn wir hier umdenken, sind wir nicht mehr defizit- oder mangelorientiert in der Welt unterwegs, sondern richten den Fokus auf unsere Stärken und Fähigkeiten.

Fachkräftemangel ist ein anderer Ausdruck dafür, dass wir Menschen suchen, die sich mit bestimmten Problemen sehr gut auskennen.

Je mehr Probleme du also hast, umso höher stuft das Leben deine Fähigkeiten ein, mit Schwierigkeiten umzugehen, ja, sie zu meistern. Diese Sichtweise lenkt deinen Blick darauf, was du alles managst und schaffst. Und genau diese Sichtweise wollen wir im weiteren Verlauf dieses Kapitels intensivieren. Ich verbinde damit die Hoffnung, dass du bald an deine Probleme mit diesem positiven Blick herangehst. Und vielleicht sogar mit ein wenig Stolz.

Probleme sind das Prinzip des Lebens

»Die meisten Probleme entstehen bei ihrer Lösung.«

LEONARDO DA VINCI

Die gesamte Geschichte der Menschheit ist eine Ansammlung von Problemen, die immer wieder gelöst wurden. Jede dieser Lösungen hat Folgereaktionen und Folgeprobleme hervorgebracht. Genauso ist es auch bei jedem einzelnen Menschen. Jedes Problem, das er löst, ruft Folgeprobleme auf den Plan. Nur sprechen wir hier – bei Menschheits- und individueller Lebensgeschichte – nicht unbedingt von Problemen, sondern jeweils von Entwicklung.

Ein faszinierendes Beispiel dafür begann so oder ähnlich vor sehr langer Zeit in der afrikanischen Savanne: Frühe Vorfahren des Menschen waren von den Bäumen heruntergeklettert und versuchten, auf zwei Beinen zu laufen, um sich mehr Überblick in der Savanne zu verschaffen. Das sah wahrscheinlich für die Verwandten, die weiterhin auf Bäumen lebten, seltsam und ungeschickt aus. Und man hätte sich fragen können: Wer von den beiden würde langfristig wohl das Rennen machen? Aus damaliger Sicht hätte man sicher auf die Baumbewohner getippt. Schließlich waren diese kompakter, wehrhafter und besser geschützt durch die Bäume, auf denen sie lebten.

Aus heutiger Sicht haben unsere Vorfahren das Rennen gemacht – und das, davon bin ich überzeugt, auch deshalb, weil sie durch den aufrechten Gang so viele Folgeprobleme erschufen. In der Savanne seinen Kopf weit oben zu tragen, hatte beispielsweise den großen Vorteil, die Sinnesorgane für die Fernwahrnehmung, also Augen und auch Ohren, optimal einsetzen zu können und so nahende Gefahren, aber auch Beute früher erkennen zu können. Quasi als Nebenwirkung wurden durch den aufrechten Gang die vorderen Extremitäten kaum noch zur Fortbewegung benutzt. Die frühen Menschen hatten damit viel mehr Möglichkeiten als ihre Kollegen auf den Bäumen, herumzuhantieren und Dinge als Werkzeuge zu nutzen. Zum Beispiel Steine, mit denen sie die Knochen, die Löwen und Hyänen übrig gelassen hatten, aufbrechen konnten. So kamen sie an das wertvolle Knochenmark heran und verschafften sich damit einen großen Nährstoffvorteil. Diese Nährstoffe nutzte natürlich auch ihr Gehirn und hatte so genug Energie, um sich weitere neue Dinge auszudenken und Neues auszuprobieren: Bei all den Problemen, die wir auf diesem langen Weg gelöst haben, ist unser Gehirn immer weiter gewachsen.

Vom aufrechten Gang zum Informationszeitalter

Doch das größer werdende Gehirn führte zum nächsten Problem: Der aufrechte Gang brachte die für das Gehen sinnvolle maximale Breite des Beckens mit sich – und das führte bei unseren weiblichen Vorfahren zu Schwierigkeiten beim Gebären. Denn wenn unser Gehirn von Generation zu Generation größer wurde, dann auch unser Kopfumfang. Die Evolution fand aber auch dafür eine Lösung: Die Kinder wurden einfach früher geboren, denn dann war der Kopf noch nicht so groß und konnte den Geburtskanal leichter passieren. Und – raten Sie mal – diese Lösung hatte auch: Folgeprobleme.

Verglichen mit einem Fohlen etwa ist es verblüffend, wie lange menschliche Babys eine Rundumversorgung brauchen. Während das Fohlen einige Stunden nach der Geburt schon steht, brauchen Menschenkinder dazu im Durchschnitt dreizehn

Monate. Und tatsächlich ist die Tragzeit beim Pferd etwa fünfzig Tage länger als die Schwangerschaft beim Menschen.

Die lange Pflegebedürftigkeit der Säuglinge war natürlich problematisch, denn damit entschied die Brutpflege die Überlebenschancen des Nachwuchses erheblich. Brutpflege und Kindererziehung sind ein ziemliches Projekt und funktionieren viel besser in der Gruppe als allein. Krippe, Hort, Spielkreis, Kindergarten, Schule und natürlich Familie, Verwandte, Bekannte und der eine oder andere Babysitter – auch in der heutigen Zeit verteilen wir diesen Job, so gut es geht. Die beschriebene Kette von Umständen war also ein Entwicklungsmotor für Arbeitsteilung und die dabei nötige gute Abstimmung. Die Voraussetzung war eine ausgefeilte soziale Interaktion und Kommunikation und diese wiederum trieb unsere Hirnentwicklung weiter voran.

Menschliche Babys kommen mit neun Monaten vergleichsweise früh auf die Welt und brauchen – anders als bei anderen Säugetieren – viele Jahre, bis sie halbwegs selbstständig sind.

Genau an dieser Stelle wurde es vermutlich zum Vorteil, dass die Babys so früh auf die Welt kamen – denn eine wichtige Phase der Hirnentwicklung fand nun außerhalb des Mutterlei-

Lernen wird belohnt

Die Evolution belohnt die Anpassungsfähigkeit und deshalb das Lernen. Unentwegt. Es bringt nämlich nicht nur uns voran, sondern die ganze Spezies. Mit dem Gehirn hat sich die Evolution einen treuen Unterstützer herangezogen, der die Belohnungshormone direkt für uns wirksam werden lässt, sobald wir etwas gelernt haben. Es überflutet uns mit guten Gefühlen – und so gehen wir auf diesem Weg immer weiter voran.

bes, also in unmittelbarem sozialen Kontakt zu unseren Artgenossen statt. So gehört es zu den ersten Dingen, die ein Kind erfährt und damit lernt, wie seine Umgebung mit ihm interagiert. Was passiert, wenn ich lächle oder schreie? Und genau diese frühe Erfahrung prägt uns für unser ganzes Leben, macht uns später selbst zu guten Müttern, Vätern, Onkeln, Tanten oder Großeltern. Das moderne menschliche Gehirn wurde zum »sozialen Organ«.

Jeder von uns hat sein Gehirn als einen sich selbst entwickelnden Apparat mit auf den Weg bekommen und nicht als fixes genetisches Programm. Auf diese Weise konnten wir uns – anders als Antilopen oder Geparden, die ihre althergebrachte Lebensweise nie verlassen haben – über den ganzen Erdball verteilen und unsere Lebensweise immer wieder komplett verändern.

Seit vor 180 Jahren der Morse-Telegraf zum Patent angemeldet wurde, haben wir einen rasanten Fortschritt erlebt, der uns ins Informationszeitalter katapultierte. Und angefangen hat alles damit, dass unsere Vorfahren begannen auf zwei Beinen zu gehen.

Wir waren im Laufe der Menschheitsgeschichte also wirklich gut im Lösen von Problemen. Und dennoch haben wir heute mehr denn je davon. Wir haben zum Beispiel das Problem von Transport und Fortbewegung unter anderem durch Autos und Straßen gelöst. Dadurch haben wir jetzt aber die Probleme von Feinstaub, Kohlendioxid, Ressourcenknappheit, Verkehrstoten und so weiter. Einiges davon versuchen wir nun durch die Elektromobilität zu lösen. Und natürlich werden dadurch neue Probleme entstehen. Und deren Lösung wird wieder neue Schwierigkeiten mit sich bringen. Jedes neue Problem bedeutet aber auch Weiterentwicklung. Probleme sind der Motor der Evolution und unserer kulturellen Entwicklung. Letztlich können wir gar nicht anders, wir brauchen diesen Motor. Sobald wir die Zusammenhänge allerdings zu begreifen beginnen, können wir aufhören, auf die immer neuen Probleme nur zu reagieren. Vielmehr haben wir dann wieder die Wahl, was wir uns als Motor wählen, und können anfangen, uns so auf eine konstruktive, sinnvolle Weise zu steuern.

Auch mal pausieren

Dauerhaft Probleme und kein Ende? Klingt anstrengend? So gern unser Gehirn an Problemen herumtüftelt, es braucht auch Pausen. Es kann zwar einen maximalen Aktivierungsgrad (Arousal) erreichen. Dann geht in unserem Kopf so richtig die Post ab – alles läuft auf Hochtouren. Das funktioniert aber nicht permanent. Ähnlich wie beim Geparden: Der schnellste Läufer auf der Erde kann seine sensationelle Spitzengeschwindigkeit nur für ein paar Sekunden durchhalten. Und wenn sich unser Gehirn an einem Problem abarbeitet, weil es dafür eine Lösung finden muss, dann muss es zwischendurch auch mal runterfahren. Bestenfalls entspannen wir uns oder wenden uns einer gänzlich anderen Tätigkeit zu.

Der Wunsch nach Entspannung ist in einer als stressig erlebten Welt verständlich. Wir können und sollten uns auch mal für eine Zeit in den Ruhemodus begeben und dabei auftanken. Das ist wichtig, entspricht als Dauer- oder Hauptzustand aber nicht dem Leben. Wir werden die völlige Ruhe erst bekommen, wenn wir tot sind. Bis dahin lösen wir Probleme – und erschaffen dabei neue.

Ganz und gar menschlich

Was heißt das alles nun für dein ganz persönliches Leben? Es heißt: Entspann dich inmitten deiner Probleme und freu dich, dass sie da sind. Sie zeigen dir: Alles ist so, wie es sich fürs Menschsein gehört. Eine große Entlastung ist es, wenn wir erfahren, dass »die anderen« ganz ähnliche Probleme haben wie wir selbst. Das habe ich oft genug an mir selbst und hundertfach in den Seminaren, die ich gebe, erlebt. Ich hoffe, dass das, was du hier gerade liest, auch dir genau diese Erleichterung bringt.

Es gibt kaum etwas Befreienderes und Entspannenderes, als zu bemerken, dass auch andere Menschen Probleme haben. Und nicht nur das: dass es im Kern menschlich ist, Probleme zu haben, und gar nicht anders möglich. Eine Kursteilnehmerin formulierte es einmal so: »Endlich begreife ich, dass es ganz egal ist, mit welchem Problem ich mich zuerst befasse. Dass es keinen Sinn hat, mich dagegen aufzulehnen, dass jeden Tag Probleme da sind und dass immer neue folgen. Ich eile nicht mehr diesem Ende entgegen, an dem alles gut sein müsste. Und erstaunlicherweise ist damit jetzt schon alles gut.«

Im Alltagsleben polieren die meisten Menschen an ihren Fassaden – besonders intensiv zeigt sich das in den sozialen Netzwerken – und so haben wir oft den Eindruck, dass es bei allen anderen super läuft, während wir selbst es nicht gebacken bekommen. Das ist aber nicht die Realität. Wir alle stecken im selben Schlamassel, denn wir teilen uns die Vorliebe für Schwierigkeiten und Probleme.

Wir schwimmen immer in einem Problempool – und das wird sich auch nicht ändern. Setzen wir also unsere ganze Lösungskompetenz ein und entwickeln uns weiter. Genau das ist Leben. So schaffen wir es, auch ungeliebte Tätigkeiten mit einer gewissen, vielleicht sogar freudigen Bereitwilligkeit auszuführen. Getan werden müssen sie ohnehin, und am Ende winkt das gute Gefühl, dass wir aktiv und selbstwirksam waren.

Dein Leben als Wanderung

Das ganze Leben ist wie eine Bergwanderung und wir wählen die Route. Wenn wir es uns zu leicht machen, sind wir unterfordert und denken nebenbei an dies und das – Alltagssorgen sind permanent dabei, und wir können die Tour nicht genießen. Unser Gehirn sucht sich wieder einmal selbst eine »Aufgabe«: Könnte es nicht sein, dass die Wanderschuhe vielleicht nicht perfekt passen? Ist es nicht hochgradig ärgerlich, dass wir das Teleobjektiv für unsere Kamera vergessen haben? Und die vielen anderen Leute hier, die stören doch nun wirklich … Wenn wir die Tour hingegen zu schwer wählen, hat das andere Folgeprobleme. Dann erschöpfen wir uns, und es geht nur noch darum, die Wanderung zu überstehen. Auch dann können wir sie nicht genießen und geraten unter Umständen sogar ernsthaft in Gefahr.

Auf unserer Bergwanderung kommt es also darauf an, die Strecke unserem Können anzupassen und bei Bedarf noch einmal zu hinterfragen. Merke ich, dass mich die Tour nicht fordert, mache ich vielleicht noch einen Abstecher auf einen schönen Nebengipfel. Erkenne ich, dass ich an meine Grenzen komme, laufe ich nicht einfach weiter, sondern halte inne: Gibt es einen weniger steilen Weg, kann ich warten, bis das Wetter wieder passt, oder drehe ich besser um? Deine Probleme bestimmen die Etappen auf deiner Wanderung. Das gilt für das ganze Leben und für deine verschiedenen Ziele.

Selbst gewählt ist halb gewonnen

Menschen, die das Klettern lieben, schaffen sich das Problem, eine Felswand hinaufzuwollen. Und sie erleben dabei die große Zufriedenheit vollkommener Achtsamkeit. Denn beim Klettern, speziell beim Freeclimbing, muss man – das ist der Kern der heute viel zitierten Achtsamkeit – mental voll und ganz im jetzigen Moment sein. Jede kleinste Ablenkung, etwa wenn man an den Job oder an das Essen heute Abend denkt, kann dramatische Folgen haben. Grübeln kann an der Wand zur Problemlösung wenig beitragen. Der Körper übernimmt auf Basis der Erfahrung. Die Hände und Füße finden die Punkte, wo sie Halt haben. Und jedes Mal, wenn man wieder eine sichere Position gefunden hat, kommen die wohltuende Erleichterung und das Erfolgsgefühl als Belohnung.

Zum Klettern gesellen sich neben dem eigentlichen Erklimmen einer Felswand viele weitere Probleme, die wir nicht hätten, wenn wir nicht klettern wollen würden: Wir müssen auf unsere Fitness achten, uns um die Ausrüstung kümmern, dafür sorgen, dass wir genug gegessen haben, aber auch nicht zu schwer, und so weiter. Doch weil das zentrale Problem eines ist, das wir wirklich wollen, sind die damit verbundenen Zusatzprobleme nicht lästig, sondern einfach ein Teil des Ganzen.

Immer schön flexibel bleiben

Wir können Ziele also geradlinig verfolgen (Beispiel Klettern), und wir können auf unserer Lebenswanderung immer wieder neue Routen einschlagen. Letzteres ist sogar das Normale, denn Entwicklung verläuft nicht immer linear. Tatsächlich sogar eher selten. Es gibt so unendlich viele Einflüsse auf alle möglichen Situationen und Gegebenheiten, dass wir schlichtweg nicht wissen können, was die Zukunft bringt. Es heißt also flexibel sein. Und das können wir Menschen auch. Genau das hat uns ja zu so erfolgreichen Lebewesen auf dieser Erde gemacht – wir haben uns Veränderungen immer wieder angepasst. Und genau diese Flexibilität kann uns auch weiterhin helfen, insbesondere dann, wenn wir sie aktiv nutzen und in die Gestaltung unserer Geschicke einbeziehen.

Unser Gehirn neigt allerdings dazu, Prozesse linear weiterzuverfolgen. Das gilt im Persönlichen genauso wie im Globalen. Wir schauen zurück und denken uns, dass es nach vorn genauso weitergehen muss und wird. Deshalb ist uns das große Potenzial, das unsere Flexibilität birgt, im Alltag oft nicht bewusst. Allerdings benötigt Flexibilität auch viel mehr Energie als die Routine. Es kommt also darauf an, sie geschickt zu nutzen und anhand der Ergebnisse, die wir durch sie erzielen, zu steuern. Diese in der Geschäftswelt als Agilität bezeichnete Taktik bringt uns in der sich immer schneller wandelnden Welt voran.

Im Auftrag der Evolution

Wenn man Menschen fragt, was sie im Leben wollen, dann hat die Antwort häufig etwas mit Glück zu tun. Doch Glück ist für sich genommen ein sehr unglückliches Ziel. Glück entsteht nämlich als ein Nebenprodukt, während wir uns mit anderen Dingen beschäftigen, die uns gelingen oder die uns neue Erfahrungen bescheren. Wenn wir aber auf der Suche nach »dem Glück« sind – egal ob mittels Geld, der »richtigen« Partnerschaft oder dem »richtigen« Job –, dann haben wir gar keine Zeit, uns mit dem zu beschäftigen, was uns wirklich erfüllen kann. Stattdessen hetzten wir Dingen hinterher, zu denen wir noch gar kein funktionierendes Konzept haben (sonst hätten wir sie ja schon in unserem Leben). Wie wäre es also, wenn du auf der Welt wärst, um dich mit ein paar coolen Problemen zu beschäftigen und sie vielleicht sogar zu lösen? Für dich und im Auftrag der Evolution? Nebenprodukt Partner, Job und Geld nicht ausgeschlossen? Glück würde dann ganz nebenbei entstehen. Du wärst »problembeladen glücklich«, weil du deine Probleme als Auszeichnung sehen kannst.

Globale und individuelle Krisen

Wenn wir all das bisher Beschriebene auf unsere derzeitige globale Situation übertragen, dann wird deutlich: Wir wollen uns entwickeln. Der Mensch hat einen enormen inneren Antrieb, der ihn immer weiter in die entlegensten Winkel des Möglichen und Machbaren schickt. Das ist ebenso gefährlich wie faszinierend, und es folgt einer Dynamik: Wir müssen uns weiterentwickeln, alles in uns ist darauf ausgelegt. Auch wenn es scheinbar eine Lösung wäre, an einem bestimmten Punkt stehen zu bleiben oder sogar ein paar Schritte zurückzugehen. Mit den Mechanismen in unseren Köpfen ist es sehr unwahrscheinlich, dass wir uns wieder der Natur anpassen, wie unsere Affenverwandten. Genau darin zeigt sich für mich übrigens die eigentliche Vertreibung des Menschen aus dem Paradies: Unser Gehirn hat uns aus der biologischen Evolution heraus und hinein in eine soziokulturelle Evolution geführt, die wir weiter mit unserem Gehirn vorantreiben. Ganz nach dem Motto einer Gedichtzeile aus Goethes Zauberlehrling: »Die ich rief, die Geister, werd ich nun nicht los.«

Auf dem Weg zu einer Weltgemeinschaft

Keine Sorge, ich bin kein Kulturpessimist und lasse uns jetzt nicht betreten zu Boden schauen. Wir haben schließlich nicht die Geschichte mit dem aufrechten Gang begonnen, um dann den Kopf hängen zu lassen. Zugegeben, etwas Demut an der einen oder anderen Stelle täte uns nicht schlecht, und wer den Kopf mal kurz senkt, sieht ja auch etwas besser, was vor ihm liegt. Und da haben wir tatsächlich ziemlich große Probleme. Die sind von uns Menschen hausgemacht, ja, aber sie sind auch der Motor für den nächsten großen Entwicklungsschritt. Denn für ihre Lösung brauchen wir neue Konzepte der Gemeinsamkeit. Egal ob wir menschliche Gewalt, Hunger, Klimawandel oder Mikroplastik anpacken – wir kommen nicht darum herum, es als Gemeinschaft zu tun. Alle zusammen. Von Natur aus können wir das, doch wir brauchen andere Maßstäbe, um uns als Weltgemeinschaft zu fühlen und so zu handeln. Die Voraussetzungen werden gerade erschaffen, und von uns hängt ab, wie wir sie nutzen. Wir haben im Prinzip das Zeug dazu, auch globale Krisen anzugehen.

Depressive und ekstatische Phasen

»Krise« stammt wie bereits erwähnt vom griechischen Wort für »Wende« und beschreibt individuell und kollektiv den gleichen Vorgang. Eine persönliche Krise fühlt sich im Moment schrecklich an, weil Sicherheiten wegbrechen. Doch letztlich ist sie der Beginn eines neuen Weges, weil der alte nicht mehr tragfähig ist. In dem Sinne ist auch eine depressive Phase ungeheuer nützlich – sonst wäre die Anlage dazu im Laufe der Evolution wahrscheinlich verschwunden. Wenn beispielsweise bei einem alten Menschen der Partner stirbt, dann bedeutet das einen extremen Wandel für ihn. Dann ist nicht einfach nur ein geliebter Mensch weg, sondern es ändert sich *alles.* Er kommt möglicherweise überhaupt nicht mehr zurecht, weil er in den letzten dreißig Jahren niemals selbst Kleidung gekauft, Essen gekocht, eine Überweisung getätigt oder die Steuererklärung gemacht hat. Wenn dieser Mensch wieder die Chance haben soll, selbstwirksam sein Leben zu gestalten, dann muss sich im Gehirn ganz viel verändern. Und einen solchen Prozess der radikalen Umstrukturierung erleben wir unter Umständen als depressive Phase. Es ist ein Zustand, in dem alles hinterfragt wird, in dem alles sinnlos erscheint. Und das ist die Basis eines Neubeginns. Sie ist nötig, um die anstehenden Probleme schließlich doch zu lösen. Wohlgemerkt geht es hier um eine Phase, die von selbst endet. Endet sie nicht, spricht man von Depression. Hier hat sich etwas festgefahren und es bedarf der professionellen Hilfe.

Wird aus einer depressiven Phase eine Depression, so muss diese medizinisch und psychotherapeutisch behandelt werden.

Phasen sind ein Lebensprinzip, genauso wie Probleme. Beides gehört sogar eng zusammen. Das gilt für depressive Phasen, in denen eine Neuorientierung stattfindet, ebenso wie für ekstatische Phasen. In diesem Zustand wird nichts hinterfragt, alles ist super, und wir sind die Besten und Tollsten. In so einem psychischen Hoch fühlen wir uns enorm stark. Wir gehen dann unbeirrt voran. Gewissermaßen ist es so: In einer depressiven Phase entwickeln wir uns im Inneren, in der ekstatischen Phase verändern wir das Außen.

Die Höhen und Tiefen unseres Lebens sind also wichtig, wenn es um Probleme geht. Sie kennzeichnen unser Leben, auch wenn es sich zu einem großen Teil zwischen diesen Extremen abspielt und die Ausschläge nicht immer ganz so dramatisch sind. Und natürlich wünscht sich jeder mehr ekstatische als depressive Phasen, aber keine kann ohne die andere existieren. Es ist ein wenig wie auf einer Schaukel: Wir können nicht nach vorn schaukeln ohne die Bewegung nach hinten. Auch wenn es uns oft nicht so vorkommt, hat alles einen tieferen Sinn oder anders gesagt: einen evolutionären Nutzen. Das nimmt auch unsere Krisen und Probleme nicht aus. Im Gegenteil: Sie bringen uns erst voran. Und du mit all deinen kleineren und größeren Problemen bist ein wichtiger Akteur!

Definitionserweiterung

Wir haben im ersten Kapitel ein Problem definiert als etwas, das uns zur Bearbeitung vorgelegt wird. Diese Bearbeitung können wir nicht nur als Suche nach einem Lösungsweg, sondern vor allem als eine Möglichkeit der Weiterentwicklung sehen. Der Prozess kann phasenweise schmerzhaft sein. Wir stecken in der Krise. In ihr bildet sich der Lösungsweg heraus. Sie ist also zuweilen notwendig, damit wir wieder zielführend handeln können.

Eine neue Sichtweise

Du erhältst in diesem Buch immer wieder einen neuen Blick auf deine Probleme. So bewegt sich das Thema auf eine flexible Weise in dir, die du dann auch auf deinen Umgang mit Problemen in deinem Leben übertragen kannst. Wie du sicherlich schon bemerkt hast, betrachten wir die Probleme hier auf eine andere als die übliche Weise.

Typisch ist folgende Sicht: »Damit habe ich aber ein Problem!«, sagen wir. Oder: »Mir sitzt ein Problem im Nacken.« Wir fühlen uns belastet und wollen das, was wir als unser Problem betrachten, am liebsten so schnell wie möglich loswerden. In dieser Sicht der Dinge sind Probleme etwas Störendes, etwas, das eigentlich nicht sein sollte, das uns auf Fehler – von uns selbst, von anderen oder vom Leben, von Gott, der Evolution – hinzuweisen scheint. Kurz gesagt: Probleme sind in dieser Sichtweise etwas Schlechtes, das wir vermeiden sollten und gegen das wir ankämpfen, wenn es sich denn nicht vermeiden lässt. Diese Abwehrhaltung ist äußerst anstrengend.

Günstiger ist folgende Sicht: Probleme gehören dazu, ein Leben ohne Probleme gibt es nicht. Sie sind aber nicht notwendiges Übel, sondern ein wesentlicher Teil der Weiterentwicklung, sowohl der gesamten Menschheit als auch unserer persönlichen. In diesem Sinne gehören drei Dinge zu einem Problem:

- **Ausgangspunkt** – unsere gegenwärtige Situation
- **Ziel** – etwas, das wir erreichen wollen
- **Hindernis** – etwas zwischen Ausgangspunkt und Ziel

Dieses Hindernis ist nicht gegen uns, es begegnet uns nur! Es ist einfach nur da, steht dort, wo es steht, und verhält sich so, wie es sich eben verhält. Wenn wir es so annehmen, dann ist es einfach etwas, das zwischen uns und unserem Ziel steht, nicht mehr und nicht weniger. Diese Sichtweise erlaubt uns einen entspannteren

Umgang mit dem Problem, wir müssen es nicht automatisch überwinden oder bekämpfen.

Wenn wir uns mit einem Problem beschäftigen, bewegen wir uns also in Wirklichkeit auf ein Ziel hin. Diese Bewegung hat Nebenwirkungen, es entsteht zum Beispiel Reibung. Nehmen wir das Fahrradfahren: Selbst bei Windstille werden wir beim Fahren die Luft spüren, die an uns vorbeizieht. Je schneller wir fahren, umso deutlicher wird sie. Um schneller zu fahren, müssen wir auch stärker treten, und wir kommen ins Schwitzen. Diese beiden Sachverhalte könnten sich nun so anfühlen, als ob der Wind sich gegen uns stemmt. Aber es ist genau andersherum: Wir stemmen uns dagegen. Und das freiwillig und in einer Stärke, die wir bestimmen.

Natürlich herrscht nicht immer Windstille, wenn wir mit dem Rad unterwegs sind, aber einen wichtigen Anteil des Gegenwindes erzeugen wir selbst. Wenn wir aufhören, den Widerstand bei den vielfältigen Bewegungen in unserem Leben als etwas zu sehen, das sich gegen uns richtet, können wir die Energie, die wir in den Ärger darüber stecken, besser verwenden.

Achtsamkeit bedeutet, sich seiner eigenen Wertungen bewusst zu sein und sich auf die Erfahrung im Hier und Jetzt einzulassen, statt automatisch gegen sie anzugehen.

Fazit: Du musst nicht gegen jedes Problem kämpfen. Wenn wir gegen Probleme ankämpfen – ob sie uns in Gestalt anderer Menschen, Institutionen oder Situationen begegnen –, machen wir uns das Leben unnötig schwer. Je mehr Druck wir aufbauen, umso mehr Gegendruck erhalten wir. Wenn wir das Kämpfen öfter sein lassen, wird alles leichter, und wir leben einfach mit dem, was ist. Das ist eine Form von Innehalten. Es ist kein Stillstand und vor allem kein Aufgeben. Es ist vielleicht im besten Sinne eine Krise und leitet einen Kurswechsel ein. Auf jeden Fall aber ist es eine gute Voraussetzung dafür, unser Gehirn einen günstigen Weg zu unserem Ziel finden zu lassen.

Radio Defizit

»Ich hatte in meinem Leben ziemlich viele Probleme,
aber die meisten davon sind niemals eingetreten.«

MARK TWAIN

In unserem Kopf ist ja so einiges los. Vor allem gibt es dort ziemlich hartnäckige Programme, die sich gegen all das Positive richten, das ich dir bisher beschrieben habe. Sie sorgen dafür, dass wir uns oftmals klein und unfähig fühlen, von unseren Problemen überwältigt. Ja, mehr noch: Die Gedankenmaschine im Kopf denkt gern so lange über etwas nach, bis sie Probleme erschaffen hat, die wir sonst gar nicht hätten.

Henry Ford sagte: »Ob du glaubst, du kannst etwas, oder du kannst es nicht: Du wirst auf jeden Fall recht behalten.« Ich wandle das gern ab: Ob du denkst, etwas ist für dich, oder es ist gegen dich: Du wirst auf jeden Fall recht behalten. Das heißt, wir könnten die Dinge so oder so sehen – schwarz oder weiß. Der entscheidende Faktor dabei ist aber nur sehr bedingt die Außenwelt, sondern vielmehr unsere eigene, meist einseitige Wahrnehmung. Unsere Interpretation einer Sache bestimmt, wie wir sie wahrnehmen und wie wir uns dann fühlen und im Weiteren handeln.

Letztlich gibt es immer zwei mögliche Haltungen. Zum einen die Haltung der Zustimmung. Damit gibt es für alles einen Weg, es stehen uns viele Möglichkeiten zur Verfügung. Wie beim Zauberwürfel, den wir auf schier unendlich viele Weisen drehen und wenden können. In der Zustimmung nehmen wir ihn in die Hand und probieren freudig drauflos.

Die andere Haltung ist die des Widerstands. Sie erlaubt uns lediglich den Blick auf eine Seite des Zauberwürfels, und dort stellen wir ärgerlich fest, dass viel zu viele rote Felder da sind, wo wir gerne grüne hätten. Wir schauen nicht einmal nach, wo die grünen sind, wir finden den Zustand des Würfels einfach nur falsch. In der Zustimmung hingegen überprüfen wir, wo die grünen sind, wir entdecken sie hinten und merken, dass wir sie bewegen, dass wir handeln können. Es ist eine Haltung der Neugier und der Bereitschaft, die Umstände so lange zu verändern, bis wir an die Lösung der Aufgabe herankommen.

Narratives Mentoring

Eine solche Haltung vertreten mein Kollege Heiner Creutzburg und ich seit vielen Jahren und wir bieten den Menschen, die in unsere Kurse kommen, an, diese andere Sicht für sich zu erfahren. Was wir dazu entwickelt haben, nennen wir »Narratives Mentoring« (siehe auch Seite 32). Im Kern geht es dabei darum, kritisch zu hinterfragen, was wir uns selbst über uns und die Welt erzählen. Dadurch erkennen wir, dass wir gerne so etwas wie »Radio Defizit« im Kopf laufen haben – Widerstand inklusive. Probleme als Auszeichnung ansehen? Keine Chance, solange dieser Sender dudelt.

Wenn wir mit Menschen arbeiten, die aus einer Schwierigkeit nicht mehr herausfinden, dann stellen wir ihnen Fragen zu ihrer Situation. Wir fragen und fragen so lange, bis das entsprechende Programm in ihrem Kopf verwirrt ist. Wir fragen, bis der- oder diejenige über die eigenen Gedanken stolpert und auf dem üblichen, oft lange eingefahrenen Argumentationsweg nicht mehr weiterkommt: Es sind keine Antworten mehr zu finden. Radio Defizit wurde unterbrochen. Genau das ist ein höchst produktiver Moment, denn jetzt ist Raum da für neue Ideen und Entwicklung.

Nehmen wir als Beispiel wieder den Arzt mit seinen vierzig Patienten. Er schildert die Situation, und währenddessen sieht

Die Sandbox in uns

Wenn in einem modernen, leistungsfähigen Computer neue Software getestet wird, kann dies in einem abgegrenzten Bereich stattfinden, einem virtuellen inneren Rechner, der sogenannten »Sandbox«. Dadurch wird verhindert, dass bei der Testung das ganze System gefährdet wird. Stürzt also ein Programm in dieser Sandbox ab, bleibt der restliche Teil des Computers davon unbeeinflusst, und man kann herausfinden, wo das Problem lag. Denn mithilfe des eigentlichen Computers kann der IT-Spezialist den Testlauf in der Sandbox beobachten. Etwas Ähnliches gelingt uns Menschen, wenn wir uns selbst reflektieren, wenn wir uns mithilfe unseres Bewusstseins selbst zuschauen. Dadurch können wir den Geschichten, die wir uns über uns und die Welt erzählen und die wir gerne für die Wahrheit halten, auf die Schliche kommen.

man ihm an, wie genervt er ist. »Ich schaffe das nicht mehr! Ich habe gar kein Leben mehr außer meiner Praxis …« Im Alltag – sagen wir im Gespräch mit einem befreundeten Kollegen – passiert meist Folgendes: Man ist mitfühlend, erinnert sich an eigene stressige Phasen und versucht zu trösten: »Ja, das kenne ich auch. Bei dir ist es offenbar besonders schlimm …« Aber hilft das weiter? Vielleicht für einen Moment. Der Kollege fühlt sich ein wenig verstanden – aber die Situation in seiner Praxis bleibt, wie sie ist. Langfristig schadet ein solches Mit-Einstimmen vielleicht sogar, denn es unterstreicht das Schicksalhafte, Unabänderliche der Situation. Das Narrative Mentoring dagegen zielt darauf ab, unser Gegenüber aus dem alten Muster herauszuholen. Das geht durch Fragen, Fragen und nochmals Fragen.

Coach: »Was belastet dich an dieser Situation?«

Klient: »Die vielen Patienten, die täglich in meine Praxis kommen.«

Coach: »War das schon immer so?«

Klient: »Nein, früher waren es weniger, aber nun sind es schon seit Jahren zu viele.«

Coach: »Warum kommen denn jetzt so viele?«

Klient: »Na, weil so viele Leute krank sind.«

Coach: »Und warum kommen die alle zu dir?«

Klient: »Wo sollen sie denn sonst hingehen?«

Coach: »Gibt es keine andere Praxis in der Nähe?«

Klient: »Naja, schon. Aber die bieten ja nur eine Fünf-Minuten-Medizin, da kommen die Patienten eben lieber zu mir.«

Coach: »Aus Sicht der Patienten hast du also die bessere Praxis?«

Klient: »Ja, okay, das stimmt…«

In diesem Moment kommt Radio Defizit das erste Mal ins Stocken. Der Kollege fängt an, etwas an seinem Denken zu verändern und seine Situation nicht mehr nur als schlimm zu betrachten. Er spürt, dass es auch eine Anerkennung für seine Arbeit und seinen Umgang mit den Patienten ist, wenn sie alle zu ihm wollen. Könnte das also nicht heißen, dass er einfach erfolgreich ist? Und die vielen Patienten einfach ein Teil dieses Erfolges und auch seine Bedingung? Denn wenn nur zehn Patienten kämen, was würde der Arzt denken? Und ganz pragmatisch auch: Was würde er dann verdienen?

Wir fragen immer weiter, bis seine Sandbox aufgibt. Da der Klient sich dabei selbst beobachtet, entwickelt sich eine Erkenntnis, aus der heraus er selbst auf die Lösung kommt. Wir sagen ihm nicht einfach: »Du musst effektiver arbeiten und weniger Zeit für den Einzelnen aufwenden.« Oder: »Du solltest dringend Patienten abweisen.« Oder: »Sei doch froh, du verdienst doch deine Brötchen damit.« Das würde nichts bewirken, außer eine Welle von Begründungen. Außerdem: Woher sollten wir wissen, was zu tun ist? Schließlich kennen wir ja nur das, was uns erzählt wurde, und die Sache ist immer viel komplexer. Der einzige Mensch, der sie durchdringt, ist unser Gegenüber, und wir helfen ihm lediglich, aus der Endlosschleife aus »dem, was ist« und den angehängten Begründungen, auszusteigen.

Diese Methode ist übrigens schon ziemlich lange bekannt und wird nach dem griechischen Philosophen auch »Sokratischer Dialog« genannt. Sokrates selbst hat diese Gesprächstechnik auch »Hebammenkunst« genannt – zum einen war seine Mutter Hebamme, zum anderen gleicht ein solcher Prozess oftmals einer Geburt. Es ist eine Sache zwischen Mutter und Kind, alle anderen können nur assistieren.

Das Werkzeug dieser Assistenz sind Fragen. Wir fragen so lange weiter und beleuchten die Ecken im Denken, in die der Befragte schon lange nicht mehr geschaut hat. Und genau dazu lädt dich ja auch dieses Buch ein: Benutze dein Gehirn auf eine kluge Weise und komm mit dir selbst tiefer ins Gespräch.

Banalitäten erkennen

Ich sage hier bewusst wiederholt, dass die meisten von uns, die wir in der westlichen Welt leben, heute sehr wenige Probleme haben. Damit meine ich essenzielle Probleme wie Hunger oder Obdachlosigkeit. Anders ausgedrückt: Wir jammern auf hohem Niveau. Da wir aber sehr viele Ressourcen zur Problemlösung haben, schieben sich Probleme in unser Bewusstsein, die aus anderen Bereichen kommen und bei näherer Betrachtung nicht wirklich relevant sind – zumindest nicht in dem Moment, in dem sie auftauchen. Unsere Aufmerksamkeit richtet sich auf das, was uns missfällt, und wir machen dabei nicht selten aus einer Mücke einen Elefanten.

Während sich Ötzi vor über 5000 Jahren mit vielfältigsten Gebrechen und Verletzungen durch die Alpen schleppte und schließlich erfror, glauben wir heute, ein ernsthaftes Problem zu haben, weil sich ein Zahn etwas verfärbt hat oder wir einen Pickel im Gesicht haben. Wenn wir keine wirklich großen Dinge haben, für die wir unsere Kapazitäten einsetzen müssen, dann reichen wir diese Kapazitäten an Banalitäten weiter. Genutzt werden wollen sie auf jeden Fall. Unser Gehirn arbeitet wie ein Suchscheinwerfer: Es hält unentwegt nach Problemen Ausschau, für die es seine enorme Rechenleistung einsetzen kann. Und wenn gerade kein Säbelzahntiger angreift, dann kümmert es sich eben um den Pickel und denkt darüber nach, was für schlimme Folgen der eventuell haben könnte und was dagegen zu unternehmen sei. Radio Defizit spielt dazu die passende Melodie. Was können wir daraus lernen? Ein Blick zurück in die Geschichte vermag so einiges zu relativieren, was uns heute aufregt oder in Sorge versetzt.

Stress durch Unterforderung

Petra, eine hochgradig gestresste Frau Anfang dreißig, kam mit Schlafproblemen zu mir ins Coaching. Im ersten Teil des Gespräches hatte ich den Eindruck, dass Petra als Sekretärin viel zu viel zu tun hatte und die relativ hohe Zahl ihrer Krankentage, von denen sie berichtete, damit zusammenhängen musste. Es schien ein typischer Fall von beruflicher Überlastung zu sein.

Aber irgendwann zeigte sich, dass Petras Problem völlig anders gelagert war. Ich begriff, dass sie eine von drei Sekretärinnen in dem

Büro war, es »aber seit Längerem eigentlich nur Arbeit für maximal zwei« von ihnen gab. Die Ursache von Petras Stress war nicht zu viel, sondern zu wenig Arbeit! Petras Reaktion darauf war, sich irgendwie Arbeit zu erschaffen, sich unentwegt am Strampeln zu halten und möglichst auch die beiden Kolleginnen zu übertreffen. Dieser Zustand hatte über die letzten Monate viel Kraft gekostet und Petra bis in die Nacht verfolgt. Aufgrund der Schlafprobleme hatte sie sich dann immer wieder krankschreiben lassen, und es ging ihr gar nicht gut.

Wir besprachen die Situation, und es zeigte sich, dass akut keine Gefahr für Petras Arbeitsplatz zu bestehen schien, dem Unternehmen ging es gut, und Petra schätzte die Lage so ein, dass jederzeit auch wieder eine normale Arbeitsauslastung eintreten könnte. Allein dass Petra von sich aus auf diese Einschätzung kam, brachte ihr eine erste Entlastung.

Dann sprachen wir darüber, was sie sich wünschen würde. Schlussendlich war die Lösung für Petra, mit ihrem Chef zu sprechen und einen dreiwöchigen, unbezahlten Sonderurlaub zu beantragen. Sie hatte etwas Geld zurückgelegt, um »irgendwann einmal« eine Asienreise zu machen. Jetzt stieg sie voll in die Planung ein.

Realitätscheck

Nehmen wir mal deinen Radiosender auseinander und tun wir das am Beispiel von Beziehungen. Nicht nur Paarbeziehungen sind damit gemeint, sondern allgemein Beziehungen zu Mitmenschen.

Vor allem Fremden gegenüber haben wir ja oft eine Scheu, weil uns unser Gedankenapparat einredet, dass wir wahrscheinlich nicht so gut sind wie andere, nicht so liebenswert und dass wir sicherlich auch nicht gemocht werden. Unsere Freunde haben wir – warum auch immer – irgendwie dazu bekommen, dass sie uns irgendwie leiden können. Aber fremde Leute? Die werden uns doch sicher ablehnen, wenn wir sie ansprechen würden. Kennst du solche Gedanken von dir? Dann ist die folgende Übung wie für dich gemacht.

Impuls

Die Übung heißt: »Hol dir zehn Neins.« Geh dazu in ein Café und sprich fremde Menschen an. Frag sie, ob sie sich zu einem Kaffee einladen lassen. Ziel bei der Sache ist es, die eigene Annahme zu überprüfen.
Die Rückmeldung aus unseren Seminaren ist, dass alle Teilnehmer spätestens beim dritten oder vierten Mal ein Ja bekommen. Viele sind mit der Idee in diese Übung gegangen, dass sie ganz schnell zehnmal ein Nein hören würden. Doch das hat bislang noch niemand geschafft. Der Sender in unserem Kopf erzählt uns also so einige Fake News.

Auch unsere Meinungen über Menschen, zu denen wir den Kontakt abgebrochen haben, lassen sich einem Realitätscheck unterziehen. Wir treffen diese Menschen nicht mehr, und das zuvor schwierige Verhältnis führt in uns ein Eigenleben. Tante Erna oder der Expartner werden dann mit der Zeit in unserer Vorstellung immer nerviger, furchtbarer oder was auch immer wir ihnen zuschreiben. Wir holen uns keinen Abgleich mehr mit der Realität, sondern überlassen unsere negativen Gedanken sich selbst. Wir haben unsere Meinung über die andere Person und geben ihr keine Chance, diese Meinung in ein freundlicheres Licht zu rücken.

In der folgenden Übung nun ermöglichen wir uns selbst den Abgleich mit der Realität und der anderen Person eine Art Rehabilitation.

Impuls

1. Wähle einen Menschen aus deinem Umfeld, mit dem du den Kontakt möglichst vermeidest, weil da so ein negativer Gedanke in dir ist: »Der (oder die) geht gar nicht. Der will garantiert nichts (mehr) mit mir zu tun haben. Die ist einfach unmöglich.«

2. Nun rufst du diesen Menschen an. Sag zu ihm: »Hallo, mir ist aufgefallen, dass wir lange keinen Kontakt hatten. Ich finde es schade, wie die Situation zwischen uns ist. Ich würde sie gern verändern.« Du kannst auch noch ergänzen: »Ich habe mich dir gegenüber nicht ganz fair verhalten.« Oder: »Ich habe gemerkt, dass ich meinen Anteil daran habe.« Es geht nicht um eine Entschuldigung, sondern darum, den eigenen Anteil an der Situation zu bemerken und offen anzusprechen.

In unseren Kursen führt diese Übung zu spannenden Ergebnissen. Spannend im wortwörtlichen Sinne: Denn vielen Teilnehmern bereitet sie ein riesiges Unbehagen. Einige drücken sich, geben vor, dass der Akku vom Telefon leer war oder (nach dem ersten Klingeln?) einfach niemand abgehoben hat. Aber diejenigen, die die Übung tatsächlich machen, berichten von unerwartet schönen und berührenden Gesprächen. Von einer Offenheit und Freundlichkeit am anderen Ende der Leitung, die sie nicht erwartet hatten. Und dass ihnen auf diese Weise eine Last abgenommen wurde, die sie sich selbst aufgebürdet hatten.

Wir bewerten immer. Wir können gar nicht nicht-beurteilen. Denn wir haben Unmengen an Erfahrungen mit anderen Menschen gesammelt, und die prägen alle unsere Begegnungen. Auch bei neuen Kontakten öffnen wir sofort eine Schublade, kaum dass wir den anderen wahrgenommen haben. Wenn dir abends im Dunkeln auf der Straße ein unbekannter Mann mit Bart begegnet, hängt das, was du über ihn denkst, nicht von diesem Mann ab. Es hängt davon ab, was du über Männer mit Bart denkst. Ich sage gern überspitzt: Es hängt davon ab, ob du zuerst den Weihnachtsmann oder zuerst Räuber Hotzenplotz kennengelernt hast. Die Kategorie »Mann mit Bart« kann ganz unterschiedlich besetzt sein, und der aktuelle Mann mit Bart kann dafür nichts. Deine Einschätzung stützt sich dadurch auf ziemlich vage Kriterien und bewegt sich damit auf dünnem Eis.

»Ich weiß!« – Wirklich?

Es ist eine gängige Problemlösungsstrategie, eine Schublade zu öffnen und bestimmte Personengruppen dort drin zu versenken. Das ist in einer bestimmten Weise sinnvoll, weil wir dann ohne Verzögerung reagieren können. Wir »wissen« dann sofort Bescheid. Wenn wir bereits eine Antwort in uns haben, können wir schnell sein – das ist ein evolutionärer Vorteil (siehe Seite 27 bis 29). Wenn wir zum Beispiel »wissen«, dass wir keine Oliven mögen, dann haben wir einige Probleme gelöst. Wenn es ans Kochen geht, ans Auswählen aus der Speisekarte oder am Buffet, dann können wir all das sofort ausklammern, was mit Oliven zu tun hat. Wir müssen nicht erst überlegen, ob wir das mögen oder noch einmal probieren sollen. Nein. Wir wissen sofort Bescheid.

Bei Oliven ist das natürlich kein Problem, weil sie in unserer Ernährung eher selten vorkommen. Aber in vielen anderen Bereichen kann es problematisch werden. Dann lehnen wir zum Beispiel bestimmte Menschen oder Aktivitäten, Gegenden oder ganze Kulturen ab, nur aufgrund irgendwelcher Merkmale, die uns aus irgendwelchen früheren Erfahrungen heraus nicht angenehm sind.

Der gefährlichste Satz, den du sagen kannst, lautet: »Ich weiß.« Er steht für eine übliche Abkürzung in unserem Gehirn.

So können wir nämlich schnell einen Haken an eine Sache machen. Wir reißen damit die Deutungshoheit über Dinge an uns, die wir nicht restlos kennen können. Was wir da zu kennen meinen, hat nichts oder meist wenig mit der Realität zu tun, sondern lediglich mit unseren Bewertungen.

Wie heißt es so schön? »Viele Menschen sterben mit fünfundzwanzig, werden aber erst mit fünfundachtzig begraben.« Wenn du mit fünfundzwanzig schon meinst, alles zu wissen, dann bist du in gewisser Weise bereits tot. Es gib keinen Spielraum mehr für Entwicklung, für Wachstum, für Neues. Die folgende Geschichte zeigt, wie unsere Überzeugungen, die uns nicht einmal bewusst sein müssen, unseren Zielen im Wege stehen können.

Das liebe verhasste Geld

Bettina ist gelernte Schreinerin und liebt Musik. So wechselte sie zum Musikinstrumentenbau und fertigt mittlerweile seit über zehn Jahren mit Leidenschaft hochklassige Gitarren an. Obwohl sie es damit zu einigem Ansehen in Insiderkreisen gebracht hatte, stellte sich kein finanzieller Erfolg ein. Sie konnte sich mehr schlecht als recht über Wasser halten. Die Gitarren verkauften sich, aber der Preis, den sie erzielte, deckte gerade eben Material und Aufwand. Bettina hatte schon alles Mögliche probiert, um endlich mehr Geld zu verdienen, aber es funktionierte nicht.

Als sie ihre Geschichte in einem unserer Kurse erzählte, übernahm mein Kollege mit einer geradezu genialen Idee. Er fragte Bettina, was ihr Glanzstück nach ihrer professionellen Einschätzung auf dem Markt ungefähr wert sei. »6000, vielleicht 7000 Euro«, antwortete Bettina sofort. – »Für wie viel hast du dieses Modell die letzten Male verkauft?«, war die nächste Frage. – »2200 bis 2500 Euro«, antwortete sie nach kurzer Überlegung.

Mein Kollege nickte und fragte: »Bettina, möchtest du ein Experiment machen?«, und nachdem sie zugestimmt hatte: »Stell dir vor, du kommst nach diesem Seminar nach Hause und nimmst in deinem Schaufenster die Preisschilder weg. Fünf Minuten später fährt ein dickes Auto vor, ein Bentley, und ein Mann und sein zehnjähriger Sohn steigen aus und fragen nach der besonders schönen Gitarre im Schaufenster. Aus irgendeinem Grund schaffst du es zu sagen, dass sie 10 000 Euro kostet. Und der Mann sagt: ›Gut. Dann nehmen wir zwei Stück, mein Sohn fängt ja gerade erst an, Gitarre zu lernen, da geht ja schnell mal eine kaputt.‹« Bettina nickte stumm. »Und nun die Frage: Was denkst du über diesen Mann?«

Bettina saß mit offenem Mund da und sagte dann mit tonloser Stimme: »So ein scheiß Bonze!« – Mein Kollege nickte. »Bettina, jetzt kennst du dein Problem. Wenn du jede Woche zwei deiner Gitarren für je 10 000 Euro verkaufen würdest, was wärst du dann?« Bettina zögerte, man sah, wie es in ihr arbeitete, aber dann brach es hervor: »Naja, ich wäre wohl bald ziemlich reich.« – »Könnte sein. Aber wenn du Menschen mit viel Geld ablehnst, dann wird dein Gehirn alles dafür tun, dass du deine Gitarren nicht zu ihrem angemessenen Wert verkaufst.« Bettina nickte verdutzt.

»Wenn dein Gehirn glaubt, dass du nicht reich sein darfst, damit andere Leute dich nicht für einen Bonzen halten, dann wird es alles dafür tun, dass du es nicht wirst. Dein soziales Bedürfnis schlägt deine finanziellen Wünsche. Du wolltest es bisher einfach nicht.«

Diese Geschichte verdeutlicht dir vielleicht, wo es manchmal in deinem Leben klemmt. Bettina hatte sich selbst nicht die Erlaubnis gegeben, gutes Geld für ihre außergewöhnlich gute Arbeit zu nehmen. Wenn jemand Menschen mit Geld nicht mag und nicht achtet, dann schafft er es auf irgendeine seltsame Weise, sie aus seinem Laden und aus seinem Leben fernzuhalten. Die reine Qualität der Produkte kann daran nichts ändern.

Do worry, be happy

»Schreiben Sie's auf, ich beschäftige mich später damit.«

AUS DEM FILM: DIDI, DER DOPPELGÄNGER.

Wie gesagt: Probleme gehören zum Leben. Hör also nicht auf, dich an irgendetwas zu reiben und nach neuen Wegen zu suchen. Tu es und sei dabei glücklich. Problembeladen glücklich. Und wenn es an einer Stelle überhaupt nicht weitergeht, dann ist es sinnvoll, sich einem anderen Problem zu widmen und sich damit wohlzufühlen.

Ich stelle mir die Probleme eines Menschen gern wie eine Schafherde vor. Manche Leute sind mit zehn Schafen vollauf beschäftigt, andere haben eine Herde von mindestens hundertfünfzig Schafen um sich herum. Wie sie sich dabei als Hirten machen, ist ebenfalls sehr unterschiedlich. Die meisten allerdings hetzen aufgeregt von einem Schaf zum anderen, bürsten hier, streicheln dort, schieben ein Schaf an eine bessere Stelle auf der Wiese und tragen ein anderes mit großer Mühe zu den leckersten Kräutern. Sie betreiben einen irrwitzigen Aufwand. Und diese Menschen haben oftmals nur einen Wunsch: Wären es nur weniger Schafe … In ganz verzweifelten Fällen soll die Herde am besten komplett verschwinden.

Jetzt stell dir einmal vor, ganz anders mit deiner persönlichen Schafherde, also deiner Schar an Problemen, umzugehen. Du weißt, dass deine Schafe zu dir gehören. Und du weißt auch, dass sie eigentlich ziemlich eigenständig zurechtkommen. Sooo sehr brauchen sie dich nun wirklich nicht. Natürlich ist es gut, sie im Blick zu behalten. Doch sie finden von selbst das beste Futter auf der Wiese. Sie schaffen es sogar, die passenden Heilkräuter zu fressen, wenn sie welche brauchen. Sie wissen, wann sie Nahrung benötigen und wann sie schlafen wollen, und kümmern sich ganz von selbst darum. Manchmal geht ein Schaf verloren – und oft findet es von selbst wieder zurück zur Herde. Du hast also gar nicht so viel mit ihnen zu tun. Wenn, ja, wenn du sie einfach sein lässt. Wenn du akzeptierst, dass sie einfach da sind und dass sie ein Eigenleben führen.

Das heißt nicht, dass du sie ignorieren sollst. Wenn alle Schafe entspannt sind, wenn sie fressen oder in der Sonne dösen, dann kannst du dir mal das eine Schaf vornehmen, das ein bisschen zu humpeln scheint. Oder du kraulst ein wenig dieses andere, das dir gar nicht von der Seite weichen will. Die anderen kommen klar, die machen gerade keinen Ärger, du kannst sie lassen. Du musst dich nicht um all die Schafe – um all deine Probleme – gleichzeitig kümmern. Du musst jetzt nicht darüber nachdenken, ob das Futter für die nächste Woche reichen wird und ob vielleicht ein Wolf kommen könnte und eines der Schafe frisst. Nein, du kannst die Schafe sich selbst überlassen.

Da wir das aber oftmals nicht schaffen und unsere Probleme unentwegt in der Luft halten wie fünfundzwanzig Jonglierbälle, erschöpfen wir uns und haben nur noch einen Wunsch: ganz ohne Probleme zu sein. Wir wollen die gesamte Schafherde loswerden, ohne zu bedenken, dass wir dann auch kein Schäfer mehr sind. Es gibt nur einen einzigen problemfreien Zustand. Man nennt ihn Tod. Zum Leben jedoch gehören Probleme einfach dazu.

Probleme auch mal liegen lassen

Wenn du deine Probleme als das ansiehst, was sie sind, nämlich eine Auszeichnung des Lebens an dich, dann darfst du mit ihnen auch so umgehen, wie du es willst: Einen Pokal kannst du in die Glasvitrine stellen und täglich polieren. Du kannst ihn aber auch in eine Kiste stecken und auf den Dachboden bringen.

Und deine Probleme kannst du ebenfalls vielfältig behandeln – und du kannst sie auch einfach mal links liegen lassen. Das ist zuweilen sogar sehr gesund. Vertraue darauf, dass vieles sich von selbst löst und manche Probleme gut über Wochen, Monate oder sogar Jahre einfach mitlaufen, ohne dein Zutun. Du musst dich also nicht ärgern, wenn am Abend noch etwas auf deiner To-do-Liste des Tages steht. Das ist nicht nur normal, es ist gut so! Eine leere To-do-Liste – das wäre ja schrecklich! Es ist doch viel besser, wenn du dir ein paar Probleme in den nächsten Tag mitnehmen kannst. Sonst müsstest du lauter neue finden.

Sei froh über deine Probleme. Wenn sie nicht da wären, würde sich dein Gehirn andere suchen – und die müssen nicht besser sein.

Mit To-do-Listen ist es wie mit einem leckeren Erdbeerjoghurt, du isst ein paar Löffel davon, dann stellst du ihn in den Kühlschrank zurück und freust dich darauf, dass du ihn später weiter genießen kannst. Natürlich ist es sinnvoll, nicht so lange zu warten, bis er zu einem größeren Problem geworden ist, weil er bereits schimmelt. Dosiere ihn einfach gut, dann hast du länger etwas davon. Mach dir vor allem an Tagen, an denen du dich ein wenig überfordert oder unter Zeitdruck fühlst, bewusst: Du musst den Joghurt nicht unbedingt heute auslöffeln. Stell ihn in den Kühlschrank und sei dir sicher, er wird auch morgen noch dort sein. Er läuft dir nicht weg.

Wir alle kennen das gute Gefühl, wenn wir ein Problem endlich vom Tisch haben, und deshalb hätten wir das genau so gerne mit allen Problemen. Doch manche Lösungen brauchen Zeit und/oder die Mithilfe von anderen. Und jede Lösung hat auch Folgeprobleme – der Strom reißt also niemals ab. Nutze daher das Motto »Do worry, be happy«, finde Zufriedenheit mit deinen Problemen, statt »nach ihnen«. So kannst du »problembeladen glücklich« sein, wie der entspanntere Hirte (siehe Seite 71/72). Schau genau hin, welches Schaf gerade wirklich deine Zuwendung braucht und welche Schafe du später versorgen kannst.

Impuls

Es ist vollkommen simpel und doch vergessen wir es im Alltag oft: Wenn du dich überfordert von all deinen Problemen fühlst, wenn viel zu viel auf dich einströmt und du alles und am besten sofort erledigen willst, dann mach eine Prioritätenliste.

1. Setz dich erst einmal hin und schreib alles auf, was zu tun und zu lösen ist. Du kannst dazu wieder dein Notizbuch verwenden: jeder Tag ist eine Doppelseite, jede Zeile ein Thema.

2. Bring die Punkte in eine Rangfolge. Markiere zuerst die Dringlichkeit, indem du eine Ziffer vor das Thema schreibst (1, 2, 3 ...). Dann kennzeichne die Wichtigkeit, indem du die zwei wesentlichen Themen mit einem Textmarker hervorhebst. Wenn du magst, schreibst du in Klammern hinter jedes Thema, wie viel Zeit du in etwa zur Erledigung benötigst. Mit farbigen Markierungen kannst du auch kennzeichnen, wie viel Lust du auf das jeweilige Thema hast. Wichtig ist, dass das Erstellen der Liste dir Spaß macht, denn das motiviert dich auch gleich dazu, den ersten Punkt anzugehen.

3. Überleg dir beim Priorisieren auch, ob einige Dinge vielleicht gebündelt und in einem Aufwasch bearbeitet werden können, und achte auf eine sinnvolle Reihenfolge (willst du Brot backen, musst du erst Hefe und Mehl kaufen, nicht umgekehrt, und du kannst es auch nicht gleichzeitig angehen).

4. Überleg dir jetzt, was du heute noch gut bewältigen kannst, und sorge für eine verträgliche Mischung: Nimm etwas, das du gern machen würdest, und etwas, das nicht so angenehm ist. So verschaffst du dir Erfolgserlebnisse und das gute Gefühl deiner Selbstwirksamkeit kehrt zurück.

5. Die anderen Probleme lässt du erst einmal liegen.

Diese Liste unterstützt dich nicht nur organisatorisch. Sie gibt dir auch immer wieder Motivationsschübe, denn sie zeigt dir, was du alles schaffst, und wenn du erledigte Aufgaben durchstreichst, kannst du dir ebenfalls auf die Schulter klopfen.

Duschen, aber ja nicht nass werden

In unseren Kursen erleben wir oft Folgendes: Die Menschen empfinden ihr aktuelles Leben als anstrengend. Sie wollen es anders haben. Wenn wir genauer nachfragen, berichten die Teilnehmer von Dingen, die sich dringend verändern sollen, und andererseits von Dingen, die auf jeden Fall so bleiben müssen. Das erscheint zunächst sinnvoll – man will das eine verändern und das andere nicht. Aber: Komplexe Zusammenhänge erfordern komplexe Veränderungen. Und Lebenssituationen sind nun mal ziemlich komplex. Das bedeutet auch: Eine einzige Veränderung in unserem Leben greift immer ins gesamte System ein, das sich dann neu ausrichten muss. Stellt man von vornherein die Bedingung, dass das System sich an bestimmten Stellen nicht verändern darf und an anderen verändern muss, nun ja, dann verhindert das letztlich, dass der gewünschte Veränderungsprozess überhaupt in Gang kommt. Denn die gestellten Bedingungen blockieren sich gegenseitig.

In so einer Lage nutzen wir unser Gehirn nicht mehr dafür, kreativ eine Lösung zu finden und den Lebensfluss wieder leichter fließen zu lassen. Stattdessen verwenden wir es dafür, zu begründen und zu verteidigen, warum man dies oder das nicht verändern kann oder behalten muss, und klagen gleichzeitig über das, was wir so gern verändern würden. Wir starren auf das, was in unseren Augen so fürchterlich ist, klammern uns an das, was wir unbedingt retten wollen, und Radio Defizit (siehe Seite 59 bis 70) läuft dabei in voller Lautstärke.

Impuls

Diese Übung kann dir helfen, wenn sich das, was sich verändern soll, und das, was bleiben soll, gegenseitig blockieren.

1. Schreib auf ein Blatt, was du in deinem Leben unbedingt anders haben möchtest. Nenne die Liste: »Oberes Regalbrett«.

2. Alles, was sich auf keinen Fall ändern darf, kommt auf ein zweites Blatt. Betitle dieses mit »Unteres Regalbrett«.

Um all diese Dinge brauchst du dich bei deinen weiteren Überlegungen jetzt nicht zu kümmern. Sie sind erst einmal verstaut.

3. Nimm ein drittes Blatt mit der Überschrift »Meine Vision« und schreib auf, wie dein Leben in drei Jahren aussehen soll. Lass deiner Fantasie freien Lauf und schreib mindestens eine Seite mit möglichst vielen Details. Wo möchtest du leben, mit wem? Was machst du beruflich, wie viel Geld verdienst du … Falls dir beim Schreiben der Gedanke kommt, etwas ginge nicht weil …, pack dieses »Weil« auf eines der Regalbretter.

4. Lies die Visionsliste an mindestens zehn aufeinanderfolgenden Abenden durch. Du kannst Sie dabei gerne erweitern. Sobald du aber über eine Begründung stolperst, weswegen etwas nicht sein sollte oder unbedingt sein müsste, packst du das auf das passende Regalbrett. Wichtig: Die Regalbrettlisten ergänzt du nur und liest sie NICHT noch einmal durch.

5. Nach zehn Abenden steckst du alle drei Blätter in einen Briefumschlag, den du in genau drei Jahren öffnest. Markiere das Datum in deinem Kalender.

Bei mir und vielen anderen wurde ein Großteil der Vision Wirklichkeit. Und angesichts der Regallisten fragten viele: Wie war ich denn bloß auf die Idee gekommen?

Mach dich nicht zum (Buridanschen) Esel!

»Es ist besser, unvollkommene Entscheidungen zu treffen, als beständig nach vollkommenen Entscheidungen zu suchen, die es niemals geben wird.«

CHARLES DE GAULLE

Hirnforscher, Psychologen und Soziologen (und sicher noch viele weitere) sind sich einig: Wir leben in einer Zeit besonderer Herausforderungen. Alles geht immer schneller, immer mehr Reize prasseln auf uns ein, immer mehr Anforderungen fühlen wir uns ausgesetzt, und bei alldem wird es immer schwieriger, Lösungen für anstehende Probleme zu finden, die die notwendige Komplexität berücksichtigen. Das führt uns zu ganz neuen Herausforderungen, die die Menschheit so noch nicht hatte und die damit auch unser Gehirn vor ganz neue Probleme stellen.

Ein Großteil unserer persönlichen Probleme ist aufgrund unserer Erfahrungen gut lösbar. Sie bringen uns schnell das Gefühl der Selbstwirksamkeit und die Befriedigung, etwas geschafft zu haben. Wenn aber der Tisch voller solcher gut bewältigbarer Probleme liegt, dann entsteht ein neues Problem: Wo fangen wir an und wie schaffen wir das alles zeitlich?

Vielleicht kennst du das auch: Du willst eine E-Mail schreiben, die keine große Herausforderung darstellt. Während du tippst, kommt eine andere E-Mail herein, du siehst den Absender, und weil du von ihm eine dringende Nachricht erwartest, klickst du kurz hinein. Du liest diese Mail, weißt, dass du darauf auch gleich antworten solltest, und bei einem Stichwort fällt dir ein, dass du dazu im Internet noch etwas recherchieren solltest.

Also öffnest du den Browser, der dir gleich mehrere spannend klingende Artikel vorschlägt. In einen schaust du kurz hinein und dabei fällt dir auf, dass du doch ein bestimmtes Video anschauen wolltest. Du öffnest noch ein Fenster und während du das Video anschaust und schon auf die weiteren Videovorschläge schielst, wird dort ein Buch erwähnt, das du dir schnell in einem weiteren Fenster auch noch anschaust, weil es eine Antwort auf eine Frage in einem aktuellen Projekt enthalten könnte… Aus der kleinen Aufgabe, eine Mail zu beantworten, ist plötzlich eine komplexe Herausforderung erwachsen. Der ganze Bildschirm ist voller geöffneter Browserfenster und du weißt gar nicht mehr, wo du anfangen sollst. Priorisieren (siehe Seite 74 bis 75) wäre vielleicht eine Möglichkeit. Aber was tun, wenn die angehäuften Probleme ziemlich gleichrangig sind?

Achtung, Problemblockaden!

Ganz klar: Oft verzetteln wir uns völlig sinnlos, bleiben vor dem Bildschirm hängen, klicken uns durch unzählige YouTube-Filmchen und verdaddeln so viele Stunden. Doch ganz oft ist es auch so, dass wir vor lauter wirklich notwendigen Aktionen nicht wissen, wo wir beginnen sollen. Bei einer anstehenden E-Mail, einer notwendig gewordenen Überweisung, einer Recherche, einem Telefonat mit der Krankenkasse oder dem Vermieter…? Verloren sind wir in dem Moment, in dem wir anfangen, darüber nachzudenken, welche Aufgabe als Erstes angegangen werden sollte. Manchmal bleibt ja auch nur genug Zeit, um noch eine einzige Sache zu erledigen, bevor man die Kinder aus der Kita abholen oder selbst zu einem Termin muss. Wenn wir uns dann nicht entscheiden können, haben wir ein Problem erschaffen, an dem wir uns in ganz unsinniger Weise abarbeiten: Es trägt in keiner Weise zu einer Lösung der anderen bei. Denn wenn wir uns nicht entscheiden können, dann herrscht Stillstand, dann geht nichts mehr voran. Und dann kann es passieren, dass wir wie der Buridansche Esel, der sich nicht zwischen zwei Heuhaufen entscheiden konnte, auf der Strecke bleiben.

Der Buridansche Esel

Diese Geschichte geht auf den persischen Gelehrten Al-Ghazali zurück, benannt ist sie allerdings nach dem deutschen Philosophen Johannes Buridan. Sie erzählt von einem Esel, den ein ganz besonderes Problem plagte: Er stand zwischen zwei Heuhaufen und konnte sich nicht entscheiden, von welchem er fressen sollte. Er war mittlerweile schon ordentlich hungrig. Doch welchen der Heuhaufen sollte er wählen? Beide waren gleich weit von ihm entfernt. Beide sahen lecker aus und rochen ganz köstlich. Und so konnte der Esel sich nicht entscheiden. Dass seine Geschichte weithin bekannt wurde, nützt ihm leider nichts mehr – denn er verhungerte zwischen den beiden Heuhaufen.

Das Problem des Esels ist, dass die beiden Alternativen identisch erscheinen. Nichts spricht klar für die eine oder die andere, und deshalb kann er keine Entscheidung treffen. Ganz ähnlich ist es bei deinen vielen geöffneten Fenstern im Computer. Ein paar Tipps auf der folgenden Seite helfen dir, aus einer solchen Blockade schnell wieder herauszukommen.

Impuls

Wenn du dich nicht ad hoc entscheiden kannst, ist es vollkommen egal, mit welcher der Aufgaben du beginnst – sofern sie an Dringlichkeit keinen (großen) Unterschied aufweisen. Entscheide also ganz simpel nach einem der folgenden Kriterien:

- Nimm das, was dir gerade am liebsten ist.
- Wirf eine Münze.
- Schreib eine Liste, deute mit geschlossenen Augen darauf und nimm das, wo dein Finger gelandet ist.

Wenn das alles nichts nützt und du sofort wieder zweifelst: Geh erst einmal spazieren. Ja, selbst spazieren zu gehen ist besser, als die verbleibende Zeit wie das Kaninchen auf die Schlange zu starren und keine Entscheidung zu treffen.

Mach es mit diesen Tricks deinem Gehirn leicht. Sein Job ist durch all die anstehenden kleineren und größeren Entscheidungen schon anspruchsvoll genug. Hilf ihm, Energie zu sparen, indem du es für letztlich unwichtige Entscheidungen gar nicht erst all seine Programme hochfahren lässt. Du hast dann umso mehr Energie und Zeit übrig, wirklich wichtige Dinge zu durchdenken und beides dort einzusetzen, wo es sich lohnt. Helfen wir unserem Gehirn hier nicht aus der Klemme, kann es sich vortrefflich damit beschäftigen, warum der eine Heuhaufen vielleicht doch ein wenig attraktiver ist als der andere.

Die Neuronen in unserem Oberstübchen – das sind die Zellen, die für die Nervenimpulse und Signalübertragungen verantwortlich sind – funktionieren elektrisch, und zwar wie ein Lichtschalter. Es gibt also nur zwei Zustände, nämlich »an« und »aus«. »Halb an« oder »halb aus« gibt es nicht. Ebenso wenig

»an« und »aus« gleichzeitig. Das Neuron muss immer einen eindeutigen Zustand (»an« oder »aus«) herstellen. Und wie im Kleinen, letztlich auch im Großen – die Summe der Zustände dieser Neuronen bestimmt letztlich unser Denken und auch hier benötigen wir, um handlungsfähig zu sein, ein möglichst klares Entweder-oder. Daraus entstehen oftmals seltsame Meinungen, die wir vehement vertreten. Hauptsache, eindeutig.

Wenn wir zum Beispiel denken: Tante Erna ist zwar schrecklich, aber andererseits ist sie total lieb zu ihren Katzen – dann haben wir ein Problem. Dann steht es unentschieden und wir können Tante Erna nicht so einfach als »schreckliche Verwandte« einordnen. Um sie weiterhin doof finden zu können, greifen wir entweder zu einer Komplexitätsreduktion: Wir ignorieren die Sache mit den Katzen. Wenn uns dies nicht gelingt, greifen wir in eine andere Trickkiste und relativieren unser eigenes Argument: »Tante Erna ist zwar nett zu Katzen, aber Katzen sind furchtbar, mich hat schon mal eine gekratzt.« Und schon können wir Tante Erna wieder in unsere Schublade stecken.

Unser Gehirn führt laufend Entscheidungen herbei und hat dabei unser Überleben als Ziel – nicht Vollständigkeit oder gar Korrektheit. So entstehen Entscheidungen und Meinungen, ob sie sinnvoll sind oder nicht, ob sie die Fakten einbeziehen oder nicht.

Wieder ins Gleichgewicht kommen

Eine Münze zu werfen, kann uns bei Fragen, in denen wir feststecken, auf einfache Weise helfen, eine Entscheidung zu treffen. In bestimmten Pattsituationen ist das der einfachste Weg, wieder ins Handeln zu kommen. Bei Entscheidungen von großer Tragweite aber sollten wir in einen aufwendigeren Prozess einsteigen. Da dies zuweilen anstrengend ist, ist hier die bewusste Bereitschaft, sich darauf einzulassen, hilfreich. Andernfalls werden wir die Anstrengung als ziemlich schlimm empfinden, darüber klagen und uns fragen, warum gerade wir in einer solchen Situation sind. Viel sinnvoller ist es, stattdessen unsere Zeit und Energie in unser Vorwärtskommen zu investieren. So gelingt das Prinzip »Do worry and (!) be happy« beziehungsweise »Problembeladen glücklich«, um das es in diesem Buch geht.

Den Bedingungen zustimmen

Viele Motivationsseminare sind so konzipiert, dass eine Euphorie erzeugt und gefeiert wird, die niemand auf Dauer aufrechterhalten kann. Auf der Bühne steht jemand, der scheinbar alles weiß, alle Dinge sind so einfach und alle Menschen strahlen. Die Teilnehmer sind aufgepeitscht, man erzählt ihnen, dass alles möglich ist.

Dann geht es wieder nach Hause und schon bald merken die Leute, dass es eben doch nicht so einfach ist und im Leben Anstrengung, ja manchmal sogar Verzweiflung (siehe Seite 126 bis 127), dazugehören.

Wenn ein Seminar Menschen dabei helfen soll, in ihrem Leben vorwärtszukommen, dann sollte bei einem solchen Angebot nicht nur Raum für die Begeisterung sein, sondern auch für die Schwere. Zum Beispiel im Sinne von: »Die Anstrengung, die ich mit all den Problemen, die ich habe, empfinde, ist okay, denn sie ist normal, sie gehört dazu. Ja, sie hilft sogar, denn in einer solchen Phase stelle ich vieles infrage und erlange so einen breiteren Ansatz. Auf dieser Basis kann ich dann einen neuen Weg für mich hier auf dem Seminar erarbeiten. Und dann habe ich tatsächlich einen Grund zu feiern!

Es ist gut, die zuweilen schwierige Zeit der Lösungsfindung als schwere, aber notwendige Phase für nachhaltigen Erfolg anzunehmen.

Ein solches Seminar ist kleiner, zuweilen stiller und dauert ein wenig länger – aber die Rückmeldungen sind auch nach ein paar Monaten noch eindeutig: »Es funktioniert!«

Nicht aufgeben

Wie es zu diesen Seminaren kam, ist für sich eine lehrreiche Geschichte: Als mein Kollege und ich vor vielen Jahren unser erstes Seminar geben wollten, waren wir voller Euphorie. Endlich sollten wir das, was wir erarbeitet hatten, zur Anwendung bringen. Doch das, was wir da anboten, war ziemlich neu, und ein paar Wochen vor dem Seminar hatten sich nur sieben Leute angemeldet. Also teilte uns der Veranstalter mit, er müsse das Seminar absagen, denn eine Mindestanzahl von zehn Teilnehmern sei die Bedingung, dass es stattfinden könne. Vollbremsung. Wir waren bedrückt, so ein gutes Konzept, so viel Arbeit: alles umsonst?! Zum Glück waren wir zu zweit. Es konnten zwei Gehirne an der Lösung arbeiten, und wir konnten uns auch stimmungsmäßig gegenseitig unterstützen. Wir kamen zu dem Schluss, es auf jeden Fall durchziehen zu wollen.

Die Lösung war dann überraschend einfach: Wir fragten den Veranstalter, unter welchen Bedingungen wir das Seminar auch mit sieben Personen durchführen könnten. Sein Angebot war nicht gerade ideal – aber unser Seminar fand statt, durch weitere Anmeldungen in der verbleibenden Zeit letztlich sogar mit zwölf Teilnehmern. Eine gute Erfahrung! Danach war es viel leichter für uns, das zweite und alle weiteren Seminare zu geben. Wir hätten auch anders entscheiden und aufgeben können. Wir hätten auf alle schimpfen können, die sich nicht angemeldet haben. Wir hätten uns in Selbstzweifeln baden können, dass unser Angebot vielleicht doch nicht so gut sei. Doch wir haben uns entschieden, unser Angebot weiterhin in die Welt bringen zu wollen. Wir sind dazu durch die Phasen gegangen, die Bedingung dafür waren.

Die große Erleichterung

Luisa war seit fast zwanzig Jahren Architektin mit eigenem Büro. Sie war gut, das wusste sie auch, und von Jahr zu Jahr bekam sie spannendere Aufträge. Fast immer jonglierte sie so ein bisschen an der Grenze der Belastbarkeit, doch ihr machte die Arbeit so viel Freude und die positiven Rückmeldungen gaben ihr so viel Schwung, dass sie sich nicht wirklich und vor allem niemals lange erschöpft fühlte.

Nun aber klemmte es bei einem Auftrag, mit dem Luisa irgendwie nicht gut zurechtkam. Sie wusste, dass sie immer einige Zeit brauchte, um die Fakten und Möglichkeiten gegeneinander abzuwägen, und erst dann entstanden wirklich konstruktive Pläne. Diesmal aber hatte sie diese Phase einfach zu lange ausgedehnt. Jedes Mal, wenn sie sich an diese Arbeit setzen wollte, fühlte sie sich wie gelähmt. Immer wieder hatte sie deshalb andere, eiligere Sachen, die ihr leichter von der Hand gingen, vorgezogen und derweil gehofft, dass sich die passenden Ideen für das aktuelle Großprojekt noch einstellen würden. Den Bauherren hatte sie dafür ein wenig hingehalten.

Doch nun stand die nächste wichtige Präsentation unmittelbar bevor. Es waren nur noch wenige Tage bis dahin, und als sich Luisa jetzt endlich intensiv mit den Gegebenheiten beschäftigte, stellte sie fest, dass hier vieles nicht zusammenpasste. Sie fühlte sich sehr unter Druck: Jetzt solche grundsätzlichen Fragen aufzuwerfen, würde offenlegen, dass sie viel zu spät mit der Planung angefangen hatte. Und wie sollte sie auf dieser unklaren Basis erste handfeste Pläne präsentieren? Andererseits: Es musste einfach gelingen! Ihr musste etwas Gutes einfallen!

Um den inneren Druck etwas aufzulösen, setzte sie sich auf ihr Fahrrad und fuhr ihre Lieblingsstrecke durch den Wald. Sie wusste aus häufiger Erfahrung, dass sie erst dann würde kreativ werden können, wenn der Kopf frei wäre. Doch sie war extrem angespannt, konnte die Umgebung gar nicht genießen, und in ihrem Gehirn arbeitete es heftig. Da war immer dieser Satz: Ich muss dieses

Problem lösen! Ich muss dieses Problem lösen! Allerdings kam sie damit überhaupt nicht voran und von innerem Abstand war da keine Spur.

Plötzlich holperte ihr Fahrrad über eine Wurzel, Luisa erschrak, sie hielt an und blickte nach vorn. Als wäre sie eben erst für ihre Umgebung wach geworden, schaute sie auf einen Baum, und irgendwie erinnerte der sie an ein Fragezeichen. Nach dem Schreck musste sie nun lachen. Sie fühlte sich plötzlich total erleichtert, denn konnte sie sich wirklich so sicher sein, dass sie dieses Problem lösen musste?

Der erhoffte Abstand zu ihrem Auftrag war mit dieser Frage plötzlich da, ganz von selbst. Luisa hatte mit einem Mal Zugang zu all den Erinnerungen an andere Aufträge, bei denen es ebenfalls knapp war und bei denen sie dennoch immer zur richtigen Zeit die besten Ideen hatte und etwas Überzeugendes präsentieren konnte.

Als Luisa sich wieder auf ihren Fahrradsattel setzte, fiel ihr ein Ausdruck des Buddhisten Jack Kornfield ein: »Sitzen zwischen deinen Schwierigkeiten«. Gemeint ist damit, man meditiert, während all die Probleme, die man hat, um einen herum sind. Man selbst sitzt da und atmet. Genau diese entspannte und doch konzentrierte Stimmung spürte Luisa jetzt. Sie war hier im Wald unterwegs, sie wusste um ihr Problem, und sie würde Tritt für Tritt, von Minute zu Minute mit diesem Problem leben. Sie würde nicht mehr damit kämpfen. Sie würde beobachten, wie es sich durch all ihr Können und ihre Erfahrung und durch alles, was von außen an Impulsen kommen würde, weiterbewegt. Erstaunlich vertrauensvoll genoss sie den Rest ihrer kleinen Fahrradtour und setzte sich dann in ihrem Büro an den Schreibtisch.

Schlüssel zum Glück: Selbstwirksamkeit

»Man muss sich durch die kleinen Gedanken, die einen ärgern, immer wieder hindurchfinden zu den großen Gedanken, die einen stärken.«

DIETRICH BONHOEFFER

Der Begriff ist schon öfter gefallen: Selbstwirksamkeit. Es handelt sich um eine zentrale menschliche Qualität, die uns ungeheuer stärkt (siehe auch Seite 9). Wenn Probleme eine Auszeichnung des Lebens sind, dann ist das Empfinden der Selbstwirksamkeit gewissermaßen das Preisgeld, das wir für jedes gelöste Problem bekommen.

Wir Menschen sind selbstwirksame Systeme und sorgen für unser Überleben, indem wir atmen, weil der Atemantrieb da ist, indem wir essen, da wir Hunger empfinden, und schlafen, da wir müde werden. Wir bemerken etwas – und wir tun etwas. Wenn wir Durst haben, sorgen wir dafür, dass wir Wasser bekommen. Das kann ganz einfach sein, indem wir ein Glas nehmen und unter den Wasserhahn halten. Es kann aber auch bedeuten, dass wir, weil wir gerade in der Wüste sind, wissen müssen, wo sich ein Brunnen befindet oder wo wir andere Menschen finden, die uns Wasser geben können. Längerfristig betrachtet können wir mit anderen gemeinsam einen Brunnen graben und dann dafür sorgen, dass alle unsere Familien Zugang dazu haben. Wenn wir das hinbekommen, aktiviert sich im Gehirn das Belohnungszentrum, es fühlt sich für uns dann richtig gut an. Doch wofür genau werden wir belohnt? Dafür, dass wir etwas geschafft haben, das für unser weiteres Überleben persönlich und als Spezies wichtig ist. Eben darum geht es unserem Gehirn ja: dass wir überleben. Und dieser Belohnungsmechanismus stellt sich immer ein, wenn wir Herausforderungen meistern und dadurch ein Bedürfnis befriedigen.

Der Stolz, etwas hinbekommen zu haben, ist ein sehr wichtiges Gefühl für uns. Und zwar von klein auf. Deswegen ist es auch so ungünstig, wenn Kinder extrem behütet werden. Man nimmt ihnen damit die Chance, sich als selbstwirksam zu erleben. Das ist nicht nur frustrierend für sie, es schränkt auch ihre Lernmöglichkeiten stark ein. Umgekehrt verstärkt Selbstwirksamkeit den Antrieb in uns, etwas zu schaffen, mit Problemen klarzukommen und kreative Lösungen zu finden. Sie motiviert uns für immer neue Aufgaben.

Impuls

Selbstwirksamkeit lässt sich nicht theoretisch lehren. Wir können sie jedoch verstärken, wenn wir ihr nachspüren und uns unserer Fähigkeiten bewusst werden. Und zwar wie folgt:

1. Suche drei Erlebnisse in deinem Leben, bei denen du etwas geschafft oder gut gemacht hast. Das kann etwas Einfaches sein, wie »leckere Spaghetti gekocht«, oder auch etwas richtig Komplexes, etwa »eine Firma gegründet«. Ein Erfolg als Gastgeber gilt genauso wie der einer Businessfrau im Job.

2. Frage dich jetzt, wie du dich danach gefühlt hast. Wie war es, als du diese Herausforderung bestanden, vielleicht sogar etwas kaum zu Schaffendes geschafft hattest? Spüre, während du dich daran erinnerst, wie sich dein Körper dabei angefühlt hat. Welche Haltung, welchen Gesichtsausdruck hast du angenommen? Was haben deine Hände gemacht? Wie hast du geatmet? … Versuche auf diese Weise, das Gefühl von Selbstwirksamkeit genau nachzuempfinden.

3. Erlaube dir nun, genau dieses Körpergefühl noch einmal aufzurufen und tatsächlich diese Haltung noch einmal einzunehmen. Vergiss dabei nicht, auch dein Gesicht zu informieren. Jetzt verankere dieses Erlebnis mit einem kraftvollen Gedanken wie »JA!« oder »Ich habe es geschafft!« in dir. Du weißt jetzt: So fühlt sich deine Selbstwirksamkeit an, und du kannst sie jetzt bewusst abrufen und damit stärken.

Sich neu erleben

Oftmals erschöpfen wir uns in Problemen, die wir zwar überleben, die wir aber nicht wirklich lösen. Wir streiten uns immer wieder mit unserem Partner, wir verlangen immer wieder etwas von unseren Kindern, was sie nicht tun, wir fühlen uns immer neu im Beruf zurückgesetzt. Wir überleben es jedes Mal – in gewisser Weise kommen wir also damit klar. Aber wir empfinden uns dabei nicht als selbstwirksam, es geht nicht wirklich etwas voran, das Problem kommt immer wieder, und deswegen sind wir auch nicht zufrieden. Oftmals hilft es dann, sich Hilfe zu suchen. Wir brauchen den Blick von außen. Ein professioneller Berater kann dann sehr hilfreich sein. In den genannten Fällen kämen zum Beispiel eine Paartherapeutin, ein pädagogischer Berater oder ein Business Coach infrage.

In vielen Fällen können wir aber auch mithilfe von geeigneten Mitstreitern aus dem eigenen Umfeld eine neue Erfahrung machen, die uns quasi in die Selbstwirksamkeit hineinschubst. Ich zum Beispiel hatte lange Zeit die Überzeugung, handwerklich nicht gerade begabt zu sein. Das hatte ich mir und denen, die sich immer wieder um angebohrte Strom- und Wasserleitungen kümmern mussten, mehrfach bewiesen. Irgendwann bin ich mit meiner Praxis umgezogen und wollte in den neuen Räumen eigentlich nur ein wenig streichen. Doch meine Frau wollte das Ganze ordentlich angehen. Sie ist Ingenieurin mit viel Erfahrung und hat überhaupt keine Scheu vor den unterschiedlichsten Umbau- und Renovierungsarbeiten. Ich erklärte mich schließlich einverstanden, und wir begannen das Projekt.

Nach kurzer Zeit sah meine zukünftige Praxis für mich schlimm aus – eine riesige Baustelle. Ich hatte das Gefühl, aus diesem Chaos nie wieder brauchbare Räume machen zu können. Doch meine Frau und die verschiedenen Gewerke zeigten mir, dass es möglich war. Sie verhalfen mir zu einer ganz neuen Erfahrung im Umgang mit solchen Vorhaben, ich konnte von ihnen lernen und habe dann abends oft selbst noch mal Hand angelegt. Mit der Zeit hatte ich sogar Spaß daran, und heute gehe ich sehr viel entspannter (und gekonnter) an handwerkliche Dinge heran. Ich bin noch immer kein Handwerker, aber ich habe die Selbstwirksamkeitserfahrung gemacht, doch keine zwei linken Hände zu haben.

Wenn wir als ein sich selbst organisierendes System ein Problem innerhalb von zwei bis drei Monaten nicht gelöst haben, dann wird es zunehmend unwahrscheinlich, dass wir es aus uns selbst heraus lösen – wir brauchen dann eine grundlegend neue Strategie.

Vielleicht fällt dir ein Bereich ein, in dem du kein Händchen zu haben glaubst: Kochen, Büroorganisation, Orientierung in einer fremden Stadt … Sofern du daran etwas ändern möchtest, kannst du dir überlegen, wo oder bei wem du in die Lehre gehen und dann genau in diesem Bereich zukünftig eine Selbstwirksamkeitserfahrung machen könntest.

Eine unerschöpfliche Ressource

Neue Erfahrungen wirken sich nicht nur positiv auf dem Feld aus, auf dem wir sie machen. Das Gefühl der Selbstwirksamkeit wird durch sie auch als solches gestärkt. Wir können nach einem entsprechenden Erlebnis häufig auch ganz andere Probleme leichter angehen, manchmal sogar solche, bei denen wir eine Zeit lang feststeckten. Es lohnt sich also, die eigene Selbstwirksamkeit durch ausgewählte Probleme und Herausforderungen immer wieder zu festigen und das eigene Kompetenzrepertoire immer wieder zu erweitern.

Das Gefühl der Selbstwirksamkeit ist deshalb enorm wichtig, weil es unsere Herangehensweise an neue Herausforderungen bestimmt. Ist unsere Selbstwirksamkeitsüberzeugung gut ausgeprägt, werden wir Dinge beherzt und mit Freude anpacken.

Es ist die Aufgabe von Eltern und Lehrern, die Erfahrung der Selbstwirksamkeit eines Kindes nicht zu unterbinden. Idealerweise ermöglichen sie dem Kind viele solcher Erfahrungen, und das auf immer mehr und immer komplexeren Gebieten. Später wird es dann zu unserer eigenen Aufgabe, lernfreudig zu bleiben, unseren Erfahrungs- und Problemlösungshorizont zu erweitern und uns dabei gut – nämlich als selbstwirksam – zu empfinden. Mögen dich die Ausführungen und Impulse in diesem Buch dabei unterstützen.

Problembeladen glücklich 2:

Mach deine Probleme größer!

Hand aufs Herz: Wahrscheinlich wünschst du dir ja eher, dass deine Probleme kleiner und weniger werden, oder? Und jetzt sollst du sie größer machen?! Ja, zugegeben, dieser Ansatz ist paradox. So wie das Leben ja auch oft. Und deswegen funktioniert er in einer Welt, zu der Probleme ganz unweigerlich dazugehören.

Entwicklung ist der Weg und das Ziel

»Wenn du ein Schiff bauen willst, dann rufe nicht Männer zusammen, um Holz zu beschaffen, Aufgaben zu vergeben und die Arbeit einzuteilen, sondern lehre die Männer die Sehnsucht nach dem weiten, endlosen Meer.«

ANTOINE DE SAINT-EXUPERY

Die Lösung sämtlicher Probleme, das darf ich hier verraten, ist Wachstum. Wir wachsen an unseren Problemen. Und auch, wenn es nicht gelingt, ein Problem zu überwinden, können wir es dazu nutzen, uns weiterzuentwickeln. Die Problemlösung ist letztlich gar nicht das, was wir uns von der ganzen Sache erhoffen sollten. Wir wollen daran wachsen – du erinnerst dich: im Auftrag der Evolution.

Natürlich gibt es Probleme, für die eine einfache Lösung das Beste ist. Bei einem verstopften Klo zum Beispiel ist die perfekte Lösung, dass ein Klempner das Rohr wieder frei macht. Problem gelöst – alles gut. Wenn die Toilette aber jede Woche verstopft ist, dann braucht es eine andere Lösung. Es wäre ja nicht sinnvoll, Woche um Woche den Klempner zu rufen. In diesem Fall sollten wir hinterfragen, was eigentlich das Problem ist. Vielleicht ist die neue Wassersparspülung nicht ideal für unser Haus, oder die pubertierende Tochter weiß nicht, dass Hygieneartikel nicht ins Klo gehören? Das Wachstum, die Weiterentwicklung besteht auch bei so einem Alltagsproblem aus Erkenntnis und Veränderung. Es ist nichts gegen einfache Lösungen von einfachen Problemen einzuwenden. Aber wenn sich ein Problem immer wieder zeigt, lohnt sich ein anderer Ansatz: Wir brauchen eine Veränderung, eine Entwicklung, welche die Ursachen angeht, sodass dieses Problem nicht mehr auftritt.

Je größer oder komplexer ein Problem ist, desto größer sind unsere Chancen, daran zu wachsen. Und genau das können wir – so paradox es klingt – als Strategie verfolgen: Machen wir unsere Probleme größer, gerade damit wir daran wachsen und so Probleme immer besser lösen können.

Probleme durch Probleme lösen

Für ein Kind, das einen Ball noch nicht fangen kann, ist das ein großes Problem. Doch dieses große Problem löst sich durch ein paar Spieleinheiten – plötzlich fängt es den Ball. Und noch ein wenig später geht es völlig mühelos. Der Arzt hingegen, um wieder auf unser Beispiel zurückzugreifen, der seit vier Jahren wegen seiner übervollen Praxis stöhnt, hat das Gefühl, dass sich nichts weiterbewegt. Er hat doch schon alles Mögliche versucht und steckt nach wie vor fest. Und genau deswegen empfehlen wir diesem Arzt: Mach dein Problem größer – dann beendest du den Stillstand und wächst über dich hinaus.

Wie könnte also eine »Problemvergrößerung« in diesem Fall konkret aussehen? Zunächst hatte der Arzt ja die Perspektive auf sein Problem geändert und sah es dann nicht mehr als Bürde, sondern als Auszeichnung (siehe Seite 40 bis 42). Diese Sicht auf seine Fähigkeiten beflügelte ihn, das Problem »zu volles Wartezimmer« erneut anzugehen. Er überlegte, was er wie delegieren und umorganisieren könnte. Statt bei allen Patientinnen und Patienten mit Bluthochdruck jedes Mal neu grundlegendes Wissen zum Thema aufzutischen, entschloss er sich, eine Blutdrucksprechstunde für jeweils mehrere Patienten einzuführen. Dazu musste er eine seiner Helferinnen, die das übernehmen sollte, einweisen, eine günstige Uhrzeit für diese Gruppensprechstunde finden, entsprechende Räumlichkeiten in der Praxis aussuchen, einen Infoflyer entwerfen … Er hatte also mehr Arbeit und weniger Zeit als je zuvor und sein Problem damit größer gemacht – erst mal. Als sich die Neuerung aber eingespielt hatte, konnte er in der individuellen Sprechstunde schneller zur eigentlichen ärztlichen Behandlung kommen, brauchte dafür also weniger Zeit. Er hatte das Dilemma zwischen »guter Medizin« auf der einen und »Zeitbedarf« auf der anderen Seite gelöst und nebenbei seine wohlverdiente Mittagspause gerettet.

Ein Problem größer zu machen kann also bedeuten, es noch komplexer zu gestalten oder vielleicht auch ein weiteres Problem dazuzunehmen. Wir lösen sozusagen ein bestehendes Problem durch ein anderes. Weil das neue selbst gewählt ist, macht es uns mehr Spaß, und wir lösen das Ursprungsproblem, obwohl wir uns vermeintlich nicht direkt damit beschäftigen. Hinzu kommt: Wir lernen so Lösungswege, die wir vielleicht auch anderweitig einsetzen können. Unser Arzt zum Beispiel könnte die Methode der Bündelung von Patienten und das Delegieren von Aufgaben, die nicht unbedingt er selbst erledigen muss, auf andere Bereiche übertragen. Er könnte zum Beispiel Schulungen mithilfe seiner Medizinischen Fachangestellten anbieten.

Für neue Aufgaben, die wir uns stellen, entwickeln wir neue Lösungswege, die wir vielfältig anwenden können, nicht nur einmal – das bedeutet Wachstum.

Probleme größer zu machen hat aber noch viel mehr Vorteile. Eine Beobachtung aus meinen Seminaren ist, dass viele Menschen sich schlicht nicht die Erlaubnis geben, ein Problem zu lösen. Hier spielt wieder unser soziales Gehirn eine tragende Rolle (siehe Seite 46 bis 48). Ohne dass es ihnen bewusst ist, haben sie zum Beispiel Angst davor, erfolgreicher als die Kollegen, glücklicher als die Eltern oder reicher als die Nachbarn zu sein. Sie wollen nicht herausstechen, keinen Neid provozieren oder sind sich selbst so viel Gutes nicht wert. Nehmen wir zum Beispiel an, unser Arzt hätte die Auffassung verinnerlicht, »Du musst immer fleißig sein«. Dann wären das volle Wartezimmer und die fehlende Mittagspause eine unbewusste Erfüllung dieses Grundsatzes. Und möglicherweise hatte er genau aus diesem Grund keine Lösung herbeigeführt: Er wollte sich nicht die Erlaubnis geben, weniger zu arbeiten. Sein System hielt am »Fleißigsein« verbissen fest. Das Vergrößern seines Problems ist nun insofern auch hier eine elegante Lösung, als er weiter sehr fleißig sein durfte – und trotzdem Zeit gewann. Wenn wir bestehende Probleme größer machen, können wir also so manches Dilemma lösen. Denn ein noch größeres Problem gibt uns vielleicht die Erlaubnis für eine Lösung.

Raus aus der geistigen Enge

Ein Problem größer zu machen, bedeutet immer, eine Vision zu entwickeln. Wir lenken dadurch den Blick weg vom Klein-Klein hin zu etwas Größerem, das uns trägt, wenn wir uns mit ungeliebten Dingen beschäftigen müssen. Viele ältere Menschen wehren sich zum Beispiel lange gegen ein Smartphone. Sie wissen einfach nicht, wofür sie diesen »neumodischen Kram« verwenden sollen. Er macht ihnen oft auch Angst. Zeigen ihnen Tochter oder Sohn aber, dass sie darauf Fotos von den Enkelkindern empfangen können, sind die Großeltern plötzlich interessiert, begeistert sogar, und schon haben sie so ein Gerät. Die Aussicht auf regelmäßige Bilder von den Enkeln ist größer als die Angst. Deshalb ist Veränderung möglich. Wenn uns ein Wunsch stärker lockt, als dass uns eine Angst bremst, dann sind wir bereit für neue Erfahrungen. Mit dem Smartphone haben die älteren Herrschaften dann natürlich ein neues Problem, denn anfangs wissen sie damit nicht umzugehen. Aber es ist ein Problem, für das sie gern wachsen, denn sie wissen wofür.

Oft sind wir derart auf ein Problem fixiert, dass wir den größeren Rahmen nicht mehr sehen. Das ist, als würden wir auf der Suche nach einer wichtigen Information in einer Bibliothek ein Buch in die Hand nehmen, auf Seite 121 oben links starren und den Satz, der dort steht, nicht begreifen. Wir lesen ihn wieder und wieder und verzweifeln fast. Dabei übersehen wir, dass das Buch ja viele Seiten hat. Zurückblättern und schauen, was da geschrieben steht, könnte weiterhelfen. Wir könnten das Buch auch ins Regal zurückstellen und einen Schritt zurücktreten. Dann würden wir sehen, dass es ganz viele Bücher gibt, die uns helfen könnten. Entscheidend ist, dass wir uns klarmachen, zu welchem größeren Zweck wir überhaupt angefangen haben, den Satz zu lesen. So merken wir vielleicht, dass wir diesen gar nicht unbedingt verstehen müssen, weil ein anderes Buch für unser Ziel viel hilfreicher ist. Eine Vision hilft uns, auf diese Art und Weise die vielen kleinen Schritte auf dem Weg zu unserem Ziel zu sortieren.

Die hilfreiche Panik

Seit drei Jahren lebte Carla mit der Diagnose Multiple Sklerose (MS), einer entzündlichen Erkrankung des Gehirns, die schubweise verläuft und zu bleibenden Ausfällen (zum Beispiel Sehstörungen oder Lähmungen) führen kann. Die Schübe kamen anfangs recht häufig, und obwohl Carla durch eine gezielte Lebens- und Ernährungsumstellung im letzten Jahr keinen einzigen Schub mehr hatte, lebte die Vierzigjährige in der ständigen Angst, dass bald wieder eine Verschlechterung eintreten könnte.

Wann immer sich irgendeine Veränderung im Körper zeigte, etwa eingeschlafene Finger nach dem Aufwachen, wurde sie unruhig, manchmal richtiggehend panisch. Sie versuchte dann zwar, sich auf natürliche, meist harmlose Erklärungen zu fokussieren: »Ich habe mich bestimmt nur verlegen, das ist gar nicht so schlimm, es hat nichts mit der Multiplen Sklerose zu tun.« Aber was immer sie versuchte, um ihre Angst kleiner zu machen, es funktionierte nicht. Immer wieder brach der Gedanke durch: »Aber wenn es doch von der MS kommt!«

Da Carla wusste, dass Stress für den Krankheitsverlauf ungünstig ist und einen neuen Schub hervorrufen kann, verurteilte sie sich auch noch für ihre Ängste und ihre Unsicherheit. Das steigerte den damit verbundenen Stress naturgemäß weiter. Carla war in einen Teufelskreis geraten.

Im Gespräch kamen wir genau zu dem Punkt: Eigentlich lief es ja gut, seit einem Jahr war die Krankheit zum Stillstand gekommen und letztlich waren es nun die Ängste und Sorgen, die Carlas Lebensqualität beeinträchtigten. Aber sie steckte darin fest und steigerte sich immer wieder in etwas hinein, das sie »halbe Panik« nannte. Ich fragte sie, ob sie mit einem Versuch einverstanden wäre, einem paradox wirkenden, aber möglicherweise hilfreichen Weg: Wann immer Carla ein harmloses körperliches Symptom hatte, sollte sie nicht mehr versuchen, es objektiv zu sehen und kleinzureden, sondern es im Gegenteil richtig groß machen. Es bis ins Absurde steigern. Wenn beispielsweise am Morgen wieder ein paar Finger eingeschlafen waren, sollte sie sagen: »Ich muss alles stehen und liegen lassen. Am besten rufe ich sofort den Rettungswagen – immerhin habe ich ein paar eingeschlafene Finger!«

Panikmache pur? Nein, bereits als ich Carla den Vorschlag machte, geschah etwas. Sie schaute mich ungläubig an und fragte mich dann mit einem schrägen Lächeln: »Etwas übertrieben, oder?« Als ich darauf mit gespielt ernster Miene antwortete: »Nein! Es geht hier immerhin um eingeschlafene Finger!«, lachten wir schließlich beide.

Ein paar Wochen später berichtete mir Carla, wie gut diese Problemvergrößerung funktionierte. Immer wenn sie anfing, sich Sorgen zu machen, kam ihr unser Gespräch in den Sinn und sie musste lächeln. Der Teufelskreis war durchbrochen.

Diese Form der Problemvergrößerung, die bei Carla so gut wirkte, nennt man »paradoxe Intervention«. Probier es für dich aus, wenn du irgendwo festhängst. Zum Beispiel, wenn die

Sorgen wegen einer anstehenden Prüfung immer größer werden oder du immer wieder Angst vor einer Krankheit hast, weil ein nachgewiesen harmloses Symptom auftritt. *Wichtiger Hinweis*: Besser nicht bei anderen ausprobieren. Sie könnten denken, du machst dich über sie lustig.

Du siehst, es gibt vielfältige Möglichkeiten, ein Problem größer zu machen und damit geschlossene Probleme – die, in denen wir feststecken (siehe Seite 42) – wieder zu öffnen.

- Komplexität erhöhen
- Vision entwickeln
- Kontext einbeziehen
- Schwierigkeit übertreiben

Der erste Schritt im Umgang mit einem Problem ist der, die Fakten anzuerkennen (Wartezimmer voll, Smartphone schwierig, Satz unverständlich, eingeschlafene Finger) und das Problem, das sich aus ihnen ergibt, größer zu machen. Dann wird mehr Gehirnkapazität und Lösungsorientiertheit aktiv. Das ist der Schlüssel, den dir dieses Kapitel mitgeben möchte.

Es ist ein bisschen wie in den asiatischen Kampfkünsten: In Europa wird geboxt – da muss man einstecken und austeilen. Es ist sehr direkt und konfrontativ. Bei Jiu Jitsu, Judo und anderen hingegen wird die Energie des Gegners genutzt, und man lenkt diese für die eigenen Ziele um. Das beinhaltet viel weniger Konfrontation, es ist eher ein Tanz und ein Fluss, der mit hoher Gelassenheit und entspannter Konzentration gesteuert wird. Und genau so können wir an unsere Probleme herangehen. Der Sachverhalt bleibt, wie er ist. Aber wir kämpfen nicht mehr gegen diesen an, sondern nutzen das Gegebene, um unser Ziel zu erreichen.

Das ABC von Problem und Lösung

»Wer sich nachts zu lange mit den Problemen von morgen beschäftigt, ist am nächsten Tag zu müde, sie zu lösen.«
RAINER HAAK

Schauen wir nun, mit all dem, was wir aus dem bisher Gesagten wissen, noch einmal ganz grundsätzlich auf Probleme und darauf, was sie eigentlich für unser Gehirn bedeuten. Dabei ist schnell klar: Neue Probleme sind Dinge, die unser Gehirn noch nicht kennt, die es noch nicht einordnen kann, mit denen es noch keine Erfahrungen gesammelt hat und für die es nun also eine neue Lösung finden muss. Die meisten Probleme aber, mit denen wir in unserem Alltag zu tun haben, sind alte Bekannte und dafür hast du bereits Lösungsstrategien. Doch sind die immer hilfreich?

A und B – ziemlich einfach

Kleine Kinder können bis zu einem gewissen Alter einen Ball, der angeflogen kommt, nicht fangen. Das Gehirn fängt daher an zu lernen und Lösungsstrategien zu entwickeln, bis das Kind schließlich in der Lage ist, einen Ball zu erwischen. Ab diesem Punkt ist ein Ball, der geflogen kommt, ein Problem, für das nur noch der Knopf »Ballfangen« gedrückt werden muss. Dass der Ball geflogen kommt, ist weiterhin eine Herausforderung – aber es gibt schon eine Lösung, die einfach angewendet werden kann.

Es gibt eine erprobte Strategie, die zwar mit jedem Ballfangen noch verfeinert wird – aber hey, es geht bereits!

Als Erwachsene haben wir für so ziemlich alle Probleme des Alltags bereits Strategien in uns hinterlegt. Denn wir haben schon so viel Erfahrung mit heranfliegenden Bällen und allen möglichen anderen Szenarien gemacht, dass unser Gehirn für all das schon Lösungen erarbeitet hat. Wenn wir die Probleme danach sortieren, wie viel Erfahrung wir mit ihnen haben, dann wäre dies die Sorte A. Ab und zu aber gibt es auch für uns Erwachsene noch wirklich neue Probleme, für die wir unsere Strategie erst entwickeln müssen, das ist Sorte B. Damit hätten wir also zwei Arten von Problemen:

A: Probleme mit einer hinterlegten bewährten Lösung, die passt. Damit meistern wir unseren Alltag, ohne dass wir viel davon mitbekommen. Socken anziehen, Zähne putzen, Brot schneiden. So schwer das bei den ersten Malen für uns war, jetzt läuft es. Es ist nichts weiter zu tun, als das bereits Erprobte abzuspulen, und das Problem ist gelöst. Du möchtest Brötchen backen, weißt bereits, wie es geht, und bäckst sie. Prima: Meistens gelingen sie.

B: Probleme, für die noch keine Lösung hinterlegt ist. Hier wissen wir, dass wir kreativ werden und etwas ausprobieren müssen. Und normalerweise erwarten wir auch nicht von uns, dass es sofort funktioniert. Alternativ holen wir uns einfach Hilfe. Du möchtest Brötchen backen und weißt nicht, wie es geht, denn du hast es noch nie getan. Also informierst du dich, experimentierst und machst neue Erfahrungen. Oder du gehst doch zum Bäcker.

Bis dahin ist es ganz einfach. Nun gibt es aber in unserem Gehirn hinterlegte Strategien, die zwar eine Art der Problemlösung darstellen, letztlich aber ungünstig (geworden) sind. Anders ausgedrückt: Es gibt Probleme, die uns bekannt vorkommen, bei denen unsere Strategien aber regelmäßig zu unerwünschten Ergebnissen führen. Wir sind also eigentlich wie bei Typ-B-Problemen dazu aufgerufen, zu wachsen und neue Strategien zu entwickeln. Doch wir machen es nicht, weil wir im Typ-A-Modus verweilen.

Ball ist nicht gleich Ball

Natürlich habe auch ich als Kind gelernt, Bälle zu fangen. Dann aber stand ich eines Tages in den USA auf dem Campus meiner Universität, und es kam etwas Ballgroßes auf mich zugeflogen. Sofort übernahm meine Ballfangstrategie, mein Gehirn hielt das Ganze für ein Typ-A-Problem. Doch das stellte sich als Irrtum heraus. Als ich versuchte, das Objekt zu fangen, verstauchte ich mir die Finger. Es war nämlich ein American Football, der letztlich etwas ganz anderes ist als die runden Bälle, die ich kannte, und der mit seiner ellipsenartigen Form auch vollkommen andere Flugeigenschaften hat. Auf jeden Fall taten mir die Finger weh und blamiert hatte ich mich obendrein. Natürlich hätte ich jetzt sagen können: »Verdammt, das ist der falsche Ball!« Aber was hätte mir das gebracht?

So kam ich stattdessen – und zugegeben im Nachhinein – zu der Erkenntnis: »Okay, ich kann Bälle fangen, aber offensichtlich gibt es welche, die sich anders verhalten, und die lassen sich auf diese Wiese nicht fangen.« Ab diesem Moment hatte ich wieder die Wahl: Ich konnte mich entscheiden, wie und was ich dazulernen wollte: entweder diesen Dingern in Zukunft aus dem Weg zu gehen oder von der Pike auf zu lernen, wie man sie fängt. Wenn wir also mit einem Problem konfrontiert sind, für dessen Lösung eine bekannte Strategie nicht passt, haben wir es mit einem dritten Problem-Typ, Typ C, zu tun.

C: Probleme mit einer hinterlegten Lösung, die unerwünschte Ergebnisse nach sich zieht. Die also ungünstig ist oder schlicht nicht passt. Du möchtest Brötchen backen und hast schon oft mit Rezepten von deiner Lieblingsinternetseite gute Brote hinbekommen. Also denkst du: ist ja quasi dasselbe, und nutzt dieses Rezept auch für Brötchen. Aber sie werden furchtbar. Da du aber bisher durchweg gute Erfahrungen mit den Brotrezepten der Internetseite gemacht hast, machst du es noch mal und noch mal, immer in der Hoffnung, dass die Brötchen diesmal doch endlich gut werden müssten. Werden sie aber nicht.

Wir neigen dazu, im Fall C einfach bei unserer erlernten Strategie zu bleiben. Das scheint sehr menschlich zu sein, auf jeden Fall ist es auch anderen schon aufgefallen, wie folgendes Zitat zeigt: »Die Definition von Wahnsinn ist, immer wieder das Gleiche zu tun und andere Ergebnisse zu erwarten.« Es wird übrigens gern Albert Einstein zugeschrieben, was aber nicht gesichert ist. (Das musst du dir jedoch nicht zu deinem Problem machen – es sei denn, du hast gerade kein anderes.)

Bei Problemen der Kategorie C haben wir letztlich ein Problem auf einer anderen Ebene, denn unser Gehirn beharrt darauf, dass es seinen Job gemacht hat. Natürlich merken wir, dass es nicht funktioniert, und sind mit dem Ergebnis nicht glücklich. Oder wir erleben, dass das Problem immer wieder auf die gleiche Weise oder in Variationen auftaucht. Dafür braucht es nun eine Strategie und ihren ersten Schritt hast du schon gemacht: Du kennst jetzt den Unterschied zwischen A und C.

Meine Anregung im Sinne von »problembeladen glücklich« ist, dass du aufhören solltest, auf die harten Brocken von Brötchen zu schimpfen, die dir das Rezept deiner Lieblingsinternetseite beschert. Ich möchte dich aus der Falle herausholen, in der du sitzt und sagst: »So sind meine Brötchen eben, besser geht es nicht.« Denn es geht besser!

Probleme, die Probleme machen

Die hartnäckigsten Probleme sind also die, bei denen unsere favorisierte Lösung nicht zum Problem passt. Das Gehirn glaubt nämlich gern, dass die Lösung darin liegt, es genauso zu machen wie beim letzten Mal – das aber funktioniert nicht immer. Und wenn die Lösung nicht passt, dann auch nicht beim fünften oder dreißigsten Versuch. Es ist ein wesentliches Merkmal von geschlossenen Problemen, dass wir den Lösungsweg nicht mehr infrage stellen.

Ein geschlossenes Problem ist eines, bei dem Fragestellung und Lösungsstrategie in unserem Kopf bereits verdrahtet sind. Bei Kategorie-A-Problemen eine super Sache. Bei Problemen der Kategorie C jedoch häufig Anlass, sich schlecht zu fühlen.

Wenn du dich immer wieder mit deinem Partner streitest, ist das für dein Gehirn irgendwann normal, ja, es erwartet schon, dass es genau dazu kommt. Wie eine Prophezeiung, die sich selbst erfüllt. Gewissermaßen spitzt dein System schon mal die Ohren, um das Wort oder den Satz, die Geste oder Handlung, die den Streit auslöst, bloß nicht zu verpassen. Während du also gern auf den Streit verzichten würdest, zettelt dein Lösungsgehirn diesen quasi mit an. Ein Teil von dir wertet den Streit bewusst aus und findet das Herumschreien nicht so schön oder schämt sich sogar dafür; ein anderer Teil dagegen kann sich gar nicht vorstellen, wie es ohne Streit ginge: »Ist doch eine sichere Nummer, mit Herumschreien sind wir doch bisher gut durchgekommen.« Und das stimmt ja auch zum Teil. Immerhin haben wir nach wie vor jemanden zum Streiten, da scheint sich das System ja gut eingespielt zu haben. Es funktioniert.

Wenn du erst einmal bemerkt hast, dass dein Gehirn eine Strategie verfolgt, mit deren Ergebnis du unzufrieden bist, kann es losgehen. Denn jetzt kannst du aktiv aus dem Automatismus aussteigen und etwas verändern.

Von C zurück nach B

Mit den Typ-C-Problemen geht es uns allen ähnlich, und natürlich nicht nur bei Beziehungsfragen. Ein guter Hinweis, dass wir in einem C-Problem stecken, ist das Wörtchen »eigentlich«. Wir ärgern uns über unsere Ernährung, die wir *eigentlich* umstellen wollten, den Sport, den wir *eigentlich* anfangen wollten, unseren Job, den wir *eigentlich* besser machen könnten, und über vieles, vieles mehr – aber das jeweilige Problem bleibt weiter bestehen.

Dein Ärger ist häufig sogar schon Teil des Kategorie-C-Programms. Dein Gehirn hat gelernt, dass zum sicheren nächsten Streit in deiner Partnerschaft der nachfolgende Ärger darüber gehört, »dass es wieder so gelaufen ist«. Es hat wie in einem Drehbuch ein geschlossenes Problem zu einem noch größeren geschlossenen Problem gemacht. Doch wie kommt man da raus, wie kann man ein geschlossenes Kategorie-C-Problem wieder öffnen?

Eine Möglichkeit besteht darin, sich im Nachhinein den Ablauf des Streits noch einmal genau anzuschauen. Doch Achtung, du musst genau hinsehen. Auch wenn letztlich zum Beispiel der Satz »Du bist genau wie deine Mutter« deine Sprengladung gezündet hat – es gibt zu diesem Satz eine Vorgeschichte. Denn mal ganz ehrlich, wahrscheinlich ist dein Partner nicht zur Tür hereingekommen und hat dir genau das gesagt. Viel eher hat das Ganze mit Kleinigkeiten angefangen. Vielleicht hast du dich geärgert, dass er »mal wieder« später als angekündigt nach Hause gekommen ist, »mal wieder« die Schuhe nicht ausgezogen hat, seine Tasche »mal wieder« auf deinen Stuhl gestellt hat oder »mal wieder« vergessen hat, Milch mitzubringen. Das sind die eigentlichen Zündschnürchen, die langsam zusammenlaufen und schließlich eine Explosion auslösen. Du erkennst sie zum Beispiel an den Wörtchen »mal wieder«, die du denkst. Beliebt sind auch »immer« und »typisch«. Diese kleinen Wörter haben es in sich, denn sie beinhalten den Gedanken: »Das habe ich ihm schon so oft gesagt!«, und du hast vielleicht den Eindruck, dein Partner (oder deine Partnerin) mache all das, was dich aufregt, mit Absicht.

Aber stimmt das? Nun, höchstwahrscheinlich nicht. Er steckt genauso in seinen Routinen fest wie du in diesem Moment. Vielleicht wollte er sogar endlich einmal rechtzeitig zu Hause sein und hat deswegen die Milch vergessen. Doch dein C-Programm hat es schlau eingefädelt, denn beides kann zum Streit führen: Selbst wenn er die Milch »ausnahmsweise« dabeigehabt hätte, wäre er eben »mal wieder« zu spät gekommen.

Impuls

Streit in der Partnerschaft, der sich in immer ganz ähnlicher Weise wiederholt, stellt ein geschlossenes Problem dar. Um es zu öffnen, kannst du ab heute ein Anerkennungstagebuch führen: Schreib an jedem Abend – mit Datum versehen – drei Dinge auf, die du an deinem Partner oder deiner Partnerin schätzt und/oder die er oder sie heute für dich getan hat.

Ein solches Tagebuch löscht etliche Zündschnüre und verändert eure Streitkultur. Es führt darüber hinaus auch zu einer besseren Stimmung bei dir. Denn du bist nicht mehr mit dem dickköpfigen und vergesslichen Partner zusammen – was sich aus C ergibt – sondern wieder mit genau dem tollen Menschen, für den du dich einmal entschieden hattest!

Ein solches Tagebuch ist übrigens ein wunderbares Geschenk. Leg am besten auch schon jetzt fest, wann du deinem Partner dein Anerkennungstagebuch schenken wirst. Zum Geburtstag, zu Weihnachten, zu eurem Jahrestag?

Eine weitere Möglichkeit, um ein geschlossenes in ein offenes Problem zu verwandeln – also aus der Sackgasse eines C-Problems heraus und zurück zu B zu finden – besteht darin, innerlich Abstand zu gewinnen. Mit der folgenden Übung, die du auf verschiedene Situationen anwenden kannst, erhältst du ein Werkzeug, das dir hilft, Mechanismen besser zu verstehen und zu verändern. Du fertigst dabei kleine Karten mit typischen »Theaterszenen« deines Alltags an. Damit kannst du dann spielen und proben. Lachen ist dabei übrigens erlaubt. Wenn du das nächste Mal in eine vergleichbare Situation kommst, kannst du diese mehr als Regisseur denn als Beteiligter erfahren und deinem Theaterstück einen neuen Verlauf geben.

Impuls

Mach dir eine Situation aus der Kategorie C bewusst, die dich schon länger begleitet. Stell dir vor, es handle sich um ein Theaterstück, das du in mehrere Szenen unterteilen willst. Jede hat ihre typische Handlung, einen klar definierten Raum und Requisiten. Halte Dialoge und auch Regieanweisungen schriftlich fest. Eine linierte oder karierte Din-A5-Karte im Querformat ist sehr gut geeignet. Lass zunächst jede zweite Zeile frei, um später noch Details einbauen zu können. Hier ein Beispiel:
Erster Akt: Ein Wohnzimmer. X betritt es in Mantel und Straßenschuhen und stellt seine Tasche auf den Sessel am Couchtisch. Y sitzt in einem anderen Sessel, schaut kurz von ihrem Buch auf und verdreht die Augen.
X: »Hallo, Schatz.«
Y: »Weißt du, wie lange ich schon auf dich warte?« …
Es geht darum, einem imaginären Publikum innere Prozesse der beteiligten Personen durch Gesten, Handlungen und Sprache zu vermitteln und Dialoge nicht nur wörtlich einzufangen, sondern den Kern und die beteiligten Emotionen hervorzuheben.

So könnte zum Beispiel auf einer Karte statt »Y schaut zu X« stehen: »Y funkelt X an, als wolle sie ihn im nächsten Moment erwürgen.« Du darfst also – im zweifachen Sinn des Wortes – dramatisieren!

Wenn du alle Szenen bis zum (unerwünschten) Finale – etwa »Y sitzt nach dem Streit frustriert allein im Schlafzimmer« – zusammenhast, spielst du alles in Gedanken noch einmal durch und ergänzt, falls dir noch etwas Wichtiges einfällt. Anschließend markierst du mit Textmarkern die Zündschnüre jeweils in einer anderen Farbe für X und Y. Beginne mit deiner Figur.

Jetzt geht es darum, die Abfolge durcheinanderzubringen. Mische dafür die Szenenkarten und lies dann das ganze Stück in der so veränderten neuen Reihenfolge. Jede einzelne Szene wirkt auf diese Weise irritierend, weil ja der Auslöser nicht mehr vorangestellt ist. Auf diese Weise brichst du die Dramaturgie auf, der dein geschlossenes Problem bisher gefolgt ist.

Mit dieser Übung gibst du deinem Gehirn den Auftrag, sich einen typischen Handlungsablauf klarzumachen und eine neue Strategie zu entwickeln. Aus einem C-Problem kann wieder ein B-Problem werden, für das es eine ganz frische Lösung sucht, statt eine aus dem alten Sumpf zu recyceln. Der Teufelskreis ist durchbrochen. Die Problemvergrößerung besteht hier unter anderem in der Übertreibung (Dramatisierung). Die detaillierte Ausarbeitung bedeutet aber auch, die Komplexität sichtbar zu machen. Die Veränderung der Reihenfolge verstärkt diesen Effekt noch. Beim Anerkennungstagebuch dagegen stehen die Zustimmung (weniger Stress, mehr Wertschätzung) und der vergrößerte Kontext (Blick in die Vergangenheit) im Vordergrund.

C-Probleme sind kein Naturgesetz

Schauen wir noch einmal auf unseren Arzt mit seinen vierzig Patienten morgens im Wartezimmer. Ein Typ-A-Problem wäre es, wenn er die Situation kennen und wissen würde, dass sie vor allem montags eintritt. Er freut sich über die damit verbundene Anerkennung und legt los. Natürlich hat er trotzdem die vielen Patienten, aber er löst das Problem mental: »Das ist montags eben normal!« Er stimmt dem vollen Wartezimmer am Montag als Bedingung für seinen Erfolg zu und nutzt seine Energie für die Arbeit, statt sie in Widerstand zu verschwenden.

In unserem Beispiel ist der Arzt jedoch in einem Typ-C-Problem verfangen. Er verzweifelt jeden Tag neu über das schrecklich volle Wartezimmer, ist unzufrieden, genervt, fühlt sich schon am Morgen erschöpft und kann auch den Patienten nicht wirklich gerecht werden. Sein Team ist angespannt, und es schleichen sich Fehler in die Abläufe. Hier beginnt eine klassische Abwärtsspirale, die allen Beteiligten immer mehr Energie raubt. Dieser Widerstand bindet genau die Kraft, die für eine Veränderung notwendig wäre. Und nach einer Weile denkt dieser Arzt, dass es eine Gesetzmäßigkeit zwischen einem vollen Wartezimmer und einem rundum schlechten Lebensgefühl gibt.

Wenn wir in einem C-Problem stecken, glauben wir irgendwann, es wäre ein unveränderliches Naturgesetz – stimmt aber nicht.

Auch hier kann die Theaterübung helfen, zum Beispiel indem er in das »Wartezimmer-Drama« neue Personen, Räume, Szenen oder Requisiten einführt, die den Verlauf verändern. Zum Beispiel könnte er die Blutdruck- oder die Diabetespatienten jeweils als Chor auftreten lassen. Dies ist dann doppelt wirksam: einerseits zur Unterbrechung des Musters, andererseits um spielerisch kreative Lösungsprozesse zu aktivieren.

Die Methode setzen wir sehr erfolgreich bei Teams in festgefahrenen Abläufen ein.

Spielerisch trainieren

Nicht nur Kindern, sondern auch uns Erwachsenen machen Spiele aller Art Spaß. Ob es die klassischen Brettspiele oder Kartenspiele sind oder heutige virtuelle Rollenspiele – beim Spielen variieren wir blitzschnell zwischen A, B und C. Manche Züge oder Verhaltensweisen des Gegners durchschauen wir sofort und reagieren erfolgreich aus unserer Erfahrung heraus. Wenn wir ein Spiel das erste Mal spielen oder eine neue Situation erleben, dann probieren wir eine B-Lösung. Wieder anderes kommt uns bekannt vor, wir reagieren mit einer bewährten Strategie – und fallen auf die Nase, weil wir in eine C-Situation gelockt wurden: Unser Mitspieler hat uns ausgetrickst. Doch wenn wir uns den Spaß nicht verderben lassen und uns auf die nächste Chance freuen, haben wir dazugelernt. Wir probieren etwas Neues aus und gewinnen – an Erfahrung und vielleicht auch das nächste Spiel.

Den Filter rausnehmen

Wenn wir einen anderen Menschen, beispielsweise unseren Chef, als unser Problem betrachten und unser Gehirn immer wieder die gleiche Lösungsstrategie C anbietet, nämlich über ihn zu meckern, dann können wir diesen anderen Menschen nicht mehr klar wahrnehmen. Unser altgedienter Lösungsweg wirkt dann wie ein Filter, den wir immer bei der Betrachtung unseres Chefs zur Hand nehmen. Dieser Chef ist dann nur noch selbstsüchtig, egoistisch oder ahnungslos. Andere Aspekte sowie Erklärungsmöglichkeiten für sein Verhalten werden herausgefiltert und sind so für uns nahezu unsichtbar. Mit der Zeit haben wir einen solchen Filter für jeden und alles. Nicht nur für reale Personen, sondern beispielsweise für »Chefs im Allgemeinen«. Gehört jemand zu dieser Gruppe, betrachten wir ihn automatisch mit diesem Filter, und es wird fast unmöglich, etwas anderes zu sehen als genau das, was wir schon erwarten.

An anderen können wir C-Muster meist leichter erkennen als an uns selbst. Menschen zu beobachten und so unseren Blick zu schulen, kann dabei helfen, die eigenen Filter zu erkennen.

Alle C-Lösungen waren ursprünglich einmal A-Lösungen. Irgendwann einmal haben sie gut gepasst. Doch dann haben sich die Umstände in unserem Leben verändert und es funktioniert nicht mehr. Meine Art, Bälle zu fangen, hat gut gepasst, bis ich in ein Land kam, in dem American Footballs durch die Gegend fliegen. Jetzt könnte ich durch meinen A-geschulten Filter schauen und mich über diese merkwürdigen Bälle oder die ganze Sportart aufregen. Oder ich resigniere und halte mich selbst für das Problem, für unsportlich und unfähig. Beides bringt mich nicht weiter. Ich habe dann zwar eine Erklärung, aber ich fühle mich nicht besser und vor allem gebe ich schon die Richtung vor, dass es wieder passiert: Dann werde ich mich noch schlechter fühlen und noch stärker von meiner Erklärung überzeugt sein. Ich erzeuge ein geschlossenes Problem.

Wie kann ich also vorgehen? Durch Neugier, mit der ich das Neue an der Situation untersuche, indem ich andere Leute frage, Erfahrungen sammle und mich auf das Abenteuer einlasse. Bin ich bereit, zu lernen, wie so eine Art Ball fliegt und sich verhält, dann öffne ich nicht nur mich für die neue Erfahrung, sondern ich öffne auch das Problem.

Ein neues Problemverständnis entwickeln

Letztlich geht es in diesem Buch darum, ein neues Verständnis von dem zu bekommen, was wir als »Probleme« bezeichnen. Auch hier haben wir uns im Lauf der Zeit einen ähnlichen Filter gebastelt wie den oben für unseren Chef. Doch dieser Filter dient nur dem Erhalt einer Hypothese, verändern wird er nichts. Im Gegenteil! Stattdessen bringt es dich weiter, wenn du den Anteil, der in deiner Hand liegt, angehst. Das geht, weil es kein »alleinstehendes« Problem gibt – es ist immer die Verbindung von dem, was du willst, und dem, was da tatsächlich gerade ist. Deshalb ist es zum Beispiel auch möglich, Probleme in ihrer Größe zu verändern – du veränderst dabei nämlich eigentlich das, was du willst, also das Ziel hinter dem Problem, und nicht unbedingt das, was da ist. Aber da wir unser Leben lang eine bestimmte Perspektive zu dem, was denn ein Problem sei, beigebracht bekamen und weiter kultiviert haben, haben wir oft eine Perspektive, die unseren Anteil an der Sache für uns unsichtbar werden lässt. Wenn wir diese verändern und unseren Filter so bei Bedarf ablegen, entdecken wir verblüffende neue Möglichkeiten.

Es könnte ja auch anders sein

Je länger wir leben, umso länger hat sich unser System unserem Leben anpassen können. Wir nennen das Erfahrung. Egal, wie wir leben und ob wir uns dabei wohlfühlen oder nicht: dass wir noch am Leben sind, beweist diesem System, dass es erfolgreich ist. Insofern ist die starre Hartnäckigkeit, mit der es sich oft gegen jegliche Veränderung zu behaupten versucht, auch ein Überlebenskonzept. Die Devise »Das haben wir schon immer so gemacht!« ist evolutionär gesehen absolut nachvollziehbar.

Nachteil bei der Sache: Wir gehen gar nicht mehr davon aus, dass die Dinge auch ganz anders sein könnten, als wir glauben, und vermeiden, etwas noch mal auf den Prüfstand zu stellen. Warum auch? Wir wissen ja, wie der Hase läuft. Das bedeutet Kompetenz und gibt uns ein Gefühl von Sicherheit. Aber es schränkt uns zuweilen sehr stark ein. Der Schlüssel, diese Grundhaltung wieder zu öffnen, sind unsere Gefühle. Sie bringen unsere Synapsen in Bewegung. Deswegen werden wir uns im folgenden Abschnitt mit unseren Gefühlen beschäftigen.

Durch die Trauer hindurch zur Vision

»Obwohl die meisten Menschen glauben, sie seien denkende Geschöpfe, die fühlen, sind wir biologisch gesehen fühlende Kreaturen, die denken.«

JILL B. TAYLOR, HIRNFORSCHERIN

Ein Problem ist – und ich hoffe, du bist bei der Lektüre dieses Buches bereits zu einer ähnlichen Erkenntnis gekommen – nicht unbedingt etwas, weswegen wir uns schlecht fühlen müssten. Aber wenn es dir wie mir und wahrscheinlich den meisten Menschen geht, dann hast du dich schon das ein oder andere Mal sehr schlecht mit einem oder mehreren Problemen gefühlt.

Das liegt zum einen an unserem rationalen Konzept von Problemen. Doch viel tiefer als unsere rationalen Gedanken wirkt eine andere Kraft mit, und das sind unsere Emotionen. Unser Gehirn ist so aufgebaut, dass die evolutionär jüngeren Anteile ganz außen liegen, zentral hingegen finden sich Strukturen, die weitaus älter sind, und dort läuft ein anderes »Betriebssystem«: nämlich das der Emotionen oder Gefühle. Alle Informationen von und zu den modernen Strukturen müssen auf Hin- und Rückweg dort hindurch. Um die Größenverhältnisse darzustellen, sprechen wir sinnbildlich auch von Emotiofant (altes Gehirn) und Ratiomeise (neue Anteile).

Um deine Impulse, also das, was dich zum Handeln treibt, besser zu verstehen und vor allem, um diese Urkraft für deine Ziele einsetzen zu können, empfehle ich dir, die sogenannten Basisemotionen kennenzulernen und einen konstruktiven Umgang mit ihnen zu finden. Das gilt gerade für Emotionen, die nicht so akzeptiert sind. Während wir *Freude* sehr gern empfinden und *Erstaunen* (also Neugier) auch okay ist, stehen *Trauer* und *Zorn* nicht gerade auf unserer Wunschliste. Und *Furcht*, *Ekel* und *Verachtung* kennen wir zwar, aber sie erscheinen uns selten sinnvoll, manchmal schämen wir uns sogar, wenn sie bei uns auftauchen. Doch wir alle haben nun mal das ganze Repertoire mitbekommen und offensichtlich wirkt es seit sehr langer Zeit erfolgreich in und für uns. Diese sieben Basisemotionen sind in allen Kulturkreisen nachgewiesen worden und so tief in uns verankert, dass alle Menschen weltweit einen jeweils typischen Gesichtsausdruck für jede davon haben.

Alle Gefühle sind okay!

Viele Menschen sehen gern Filme an und fiebern dabei mit den Protagonisten mit. Vor allem Krimis erfreuen sich großer Beliebtheit, und wir gehen dabei durch eine ganze Palette von Gefühlen, die wir unter anderen Umständen vielleicht als unangenehm einstufen würden. Wir halten es einen Krimi lang aus, Anspannung oder gar Angst zu spüren, weil wir nicht wissen, was da vor sich geht. Kurzum: Wir streben danach zu fühlen, Gefühle lassen uns unsere Lebendigkeit spüren. Deshalb sind wir vielleicht neidisch auf Menschen, die mit echter Begeisterung einem Hobby nachgehen, und empfinden andere, die beim Verlust eines nahen Menschen keine Trauer zeigen, als kalt.

In unserem Kulturkreis tun wir uns andererseits aber auch schwer mit Gefühlen, vor allem mit den unangenehmeren. Zwar erleben wir sie häufig, aber wir reflektieren sie selten und hinterfragen kaum ihren Zweck. Viele gehen sogar davon aus, dass wir als Erwachsene keine starken Gefühle haben sollten. Das entspricht dieser preußischen Idee, dass wir – vor allem als Mann – keine Gefühle brauchen, ja, dass sie stören. Schließlich sind wir rationale Wesen. Doch genau das ist ein Irrtum. Und der beginnt – wie fast alles – bereits mit der Kindererziehung. Hier ein Beispiel dazu: Die dreijährige Heidi sieht zu, wie die anderen Kinder spielen. Ein Mädchen fällt vom Klettergerüst und verletzt sich den Arm. Es weint, alle sind ganz aufgeregt, dann kommt ein großes weißes Auto, zwei Männer legen das verletzte Kind auf eine Trage und fahren mit ihm weg. Heidi hat die Szene beobachtet und schaut jetzt zu Vater oder Mutter, um sich zu orientieren, wie sie mit dieser Situation umgehen könnte. Die Eltern sind verunsichert, denn ebenso wie sie ist Heidi ja jetzt mit einem oder mehreren Gefühlen konfrontiert, zum Beispiel mit Angst. Also lenken sie ihre Tochter ab und sagen: »Komm, lass uns ein Eis essen gehen.«

Was lernt Heidi? »Was ich jetzt gerade habe, nämlich ein Gefühl der Angst, ist offenbar nicht in Ordnung. Sonst hätten meine Eltern es doch auch oder zumindest würden sie nicht darüber hinweggehen.« Heidi lernt: Mit dem Fühlen stimmt was nicht. Hier wurde eine sehr wichtige Chance vertan, dem Kind einen guten Kontakt zu den eigenen Gefühlen zu ermöglichen.

Können Kinder einen guten Bezug zu und einen sinnvollen Umgang mit der ganzen menschlichen Gefühlspalette entwickeln, ist das eine wichtige Basis für ihre emotionale Souveränität – im ganzen weiteren Leben.

Günstiger wäre es, wenn die Eltern mit Heidi über das sprechen, was passiert ist, und auch über ihre Gefühle: »Ja, das Mädchen ist runtergefallen und hat sich richtig wehgetan. Die beiden Männer fahren sie deshalb mit dem Auto ins Krankenhaus, und dort hilft man ihr, damit es ihr bald wieder besser geht.« Wahrscheinlich kommt dann eine Frage, über die sich Eltern und Kind austauschen können. Oder die Eltern fragen Heidi, wie es ihr damit geht. Vielleicht kann Heidi sagen, was sie fühlt, oder man sieht es ihr an. Wenn sie traurig ist, kann man über Mitgefühl sprechen und dass es gut ist, wenn man mit anderen mitfühlt. Dann könnte man fragen: »Wollen wir das Mädchen mal besuchen und sehen, wie es ihr geht?« Oder wenn Heidi Angst hat, könnte man sie fragen, was sie genau fürchtet, und darauf eingehen. So lernt das Kind, seine Gefühle zu erkennen, zu benennen und erfährt gleichzeitig, dass seine Gefühle okay sind.

Gefühle und Ziele hängen zusammen

Unsere Emotionen haben einen Zweck, und den übersehen wir in der modernen Welt schnell. Sie dienen unserem Überleben, indem sie uns helfen, in verschiedenen Situationen angemessen zu reagieren. Unsere alten Hirnanteile übernehmen einen sehr wichtigen Teil der Reaktionen in unserem Leben und beeinflussen jede unserer Entscheidungen. Die »Sprache«, die hier gesprochen wird, ist die der Emotionen. Auch wenn die psychologische Forschung noch kein einheitliches Modell dafür liefert, konnte die Therapieforschung zeigen, dass wir unsere Emotionen bewusst modulieren können. Eine besonders effektive Art ist es dabei, die Sprache der Emotionen selbst zu untersuchen. Das heißt, die einzelnen Emotionen klar voneinander abgrenzen und zuordnen zu können und zu verstehen, nach welchen Regeln sie interagieren. Das von Stefan Sohst und Christoph Theile zusammen mit mir entwickelte Ausbildungsprogramm der EQting-Akademie (siehe Seite 191) vermittelt diese Fähigkeiten. Du lernst dadurch souverän mit deinen Gefühlen umzugehen.

Im »Circle of Emotion«, dem Werkzeug der EQting-Methode, sind den sieben Basisemotionen sinngemäß folgende Zwecke zugeordnet:

- Die **Freude** lässt uns innerlich ankommen und Frieden empfinden.
- Der **Zorn** macht uns entschlossen, stärkt unseren Tatendrang und dient so unserem Erfolg.
- Die **Furcht** steigert unsere Aufmerksamkeit und dient so unserer Sicherheit.

- Die **Trauer** um etwas oder jemanden hilft uns, das- oder denjenigen loszulassen, und führt uns damit zur Freiheit.
- Der **Ekel** vor etwas erzeugt einen Widerstand gegen dieses Etwas und schützt so unsere Gesundheit.
- Die **Verachtung** macht uns selbstbewusst und sorgt für eine große Klarheit über unsere Individualität.
- Das **Erstaunen** lässt uns neugierig sein und eine Vision für unsere Zukunft entwickeln.

Vieles spricht dafür, dass jedem Menschen jede einzelne dieser Basisemotionen zur Verfügung steht, dass sie quasi in uns angelegt sind. Kulturelle Einflüsse und individuelle Erfahrungen wirken sich jedoch darauf aus, ob und wie oft wir sie einsetzen.

Man kann also sagen, dass unsere Emotionen bewährte Programme sind, die uns helfen, unsere Ziele effektiv zu erreichen. Aber steht diese Erkenntnis nicht im Widerspruch zu unserer klassischen Schulbildung? Es gibt doch schließlich die »reine Vernunft«, das Logische. Und ist das nicht das, was wir eigentlich für die Realisierung unserer Pläne nutzen sollten? Kann man mit einem kühlen Kopf nicht viel mehr erreichen als mit dem Bauch? Stören Gefühle nicht mehr, als sie uns nutzen? Aus Sicht der Neurowissenschaften ist genau dies nicht der Fall.

Die Trauer zulassen

Unsere Emotionen sind in unserem täglichen Leben essenziell. Denn wenn wir mit einer bestimmten Sache nicht weiterkommen, braucht es einen Perspektivenwechsel. Und um so eine neue Sichtweise einnehmen zu können, ist ein Wunsch nötig, eine Vision davon, wie es anders und besser sein könnte. Diesen Wunsch können wir aber nur mit unseren Gefühlen entwickeln, die Logik ist hierbei nicht die treibende Kraft. Interessanterweise spielt die Emotion der Trauer für diesen Prozess eine wichtige

Rolle. Denn um zu einer Vision zu finden, ist es nötig, erst einmal das Alte loszulassen. Wenn wir die Trauer ablehnen, wird es schwer, eine Vision zu entwickeln, denn es herrscht dann in uns kein Platz für Neues. Das Alte ist ja noch da, folglich kommt es oft zu einem Stillstand.

Natürlich ist es nicht immer leicht, eine bestehende Situation loszulassen. In meinen Seminaren erlebe ich das häufig bei Männern und Frauen, deren Lebensumstände sich ändern. Ein klassisches Beispiel sind Eltern, deren Kinder erwachsen geworden sind und das Haus verlassen. Den Eltern ist bewusst, dass ihre Kinder ihren eigenen Weg gehen müssen, und sie freuen sich auch darüber. Aber natürlich schwingt Trauer mit, weil eine lange und wichtige Lebensphase für beide Seiten zu Ende geht. Damit die Eltern nicht in dieser Trauer stecken bleiben, ist es wichtig, dass sie – am besten als Paar – eine neue Vision für die Zeit entwickeln, die jetzt vor ihnen liegt.

Eine Situation muss nicht einmal angenehm sein, damit wir an ihr festhalten. Wir können uns an etwas nervig Vertrautes so gewöhnt haben, dass wir es gar nicht mehr loswerden wollen.

Dass manchen Menschen dieser Veränderungsprozess nicht recht gelingen mag, liegt daran, dass sie den Trauerprozess nicht vollständig durchlaufen. Viele trauern zum Beispiel immer noch dem Expartner hinterher. Sie fühlen sich nicht gut dabei, aber sie sind auch nicht bereit, ihre Rolle als »der Verlassene« oder »die, die in der Liebe immer Pech hat« loszulassen und stattdessen eine neue Vision für ihr Leben zu entwerfen. Andere halten an ihrem Selbstbild des »mittellosen Ich« fest, statt die Chancen zu ergreifen, in ihrem Beruf erfolgreich durchzustarten. Sie sind und bleiben davon überzeugt, dass sie kaum Fähigkeiten und andere Mittel haben, um etwas an ihrer Situation zu ändern.

Wenn dir diese Beschreibung bekannt vorkommt und es dir vielleicht auch schwerfällt, etwas loszulassen – sei es ein Mensch, ein Lebensabschnitt oder ein Bild von dir – dann kannst du dir die Frage stellen, ob du dir wirklich genügend Zeit und Raum für die Trauer gegeben hast. Etliche Kulturen haben dafür feste Trauerrituale. Diese helfen, den Trauerprozess in angemessener Zeit zu durchlaufen, und geben nach dem Abschluss auch die Erlaubnis, zu etwas Neuem aufzubrechen.

Das Neue gestalten

Ich halte viele Vorträge zum Thema Digitalisierung – eine Entwicklung, die bei vielen Menschen große Ängste auslöst, vor allem deswegen, weil sie Vertrautes ablegen sollen. Dennoch ist den meisten Menschen klar, dass sie diese Veränderung nicht aufhalten können. Wir können viele Dinge an Maschinen abgeben, weil die sie einfach besser und schneller erledigen als wir. Das kennen wir im Hinblick auf körperliche Arbeit schon aus der industriellen Revolution, und es hat unsere Arbeitsplätze viel angenehmer gemacht. Doch wie sieht es heute mit Denkarbeit aus? Werden wir überflüssig?

Wir Menschen unterliegen großen Schwankungen hinsichtlich unserer mentalen Leistungsfähigkeit – schon eine banale Erkältung kann uns arg zusetzen. Gleiches gilt für Schlafmangel, Sorgen, Medikamente, Drogen und selbst das Verliebtsein. So menschlich das alles ist: Wenn dadurch Fehlentscheidungen und Unfälle ausgelöst werden, kann viel Leid entstehen. Aus meiner Sicht gilt: Hier kann uns die technische Entwicklung viel bieten. Unser Leben kann leichter und sicherer werden, in der Produktion, im Verkehr, beim Betrieb von Kraftwerken und sogar bei medizinischen Diagnosen. Aber: Wir sollten diesen Prozess aktiv mitgestalten. Es ist nicht sehr erfolgversprechend, sich gegen diese Entwicklung zu stemmen. Doch wir sollten sie auch nicht einfach so laufen lassen.

Letztlich sind die Digitalisierung und die damit einhergehenden Veränderungen die aktuelle Bugwelle bei der Entwicklung der Menschheit. Sie ist Ausdruck unseres Bestrebens nach Sicherheit, Komfort und natürlich auch Wohlstand. Angst lässt uns nur aufhorchen, ändert aber per se nichts. Auch hier kann das Zulassen von Trauer ein Schritt sein – der Trauer darüber, dass so viel Liebgewonnenes heute so schnell abgelöst wird.

Traurig in die Röhre schauen?

Vor nicht allzu langer Zeit wurde der Röhrenfernseher von den Flachbildschirm-TVs abgelöst. Immer mehr Geräte wurden ausgetauscht. Doch was tun mit der noch funktionstüchtigen alten Kiste? Wahrscheinlich hast du sie erst mal ins Gästezimmer gestellt oder im Bekanntenkreis wie Sauerbier angeboten. Doch niemand wollte das Ding, und im Gästezimmer zog dann bald der kleine Flach-TV ein, denn im Wohnzimmer wollten wir jetzt einen größeren. Was nun? Einmal in die Hände gespuckt und die schwere Kiste auf den Dachboden oder in den Keller gewuchtet. Mittlerweile funktionierte der Apparat auch nur noch theoretisch, weil sich die Sendetechnik verändert hatte. Egal, du hattest das Gefühl, das Ding sei noch etwas wert, weil es mal teuer gewesen war und jahrelang gute Dienste leistete. Aber irgendwann wird es auf der Straße landen oder im Recyclinghof. Jammerschade, oder?

Gegen das Unvermeidliche zu kämpfen ist eine Einstellung, die uns lähmt. Es mitzugestalten, gibt Zuversicht und macht selbstwirksam.

Der alte Röhrenfernseher ist ein gutes Beispiel dafür, wie wir uns gegen Trauer wehren und unnötig lange in einem Ablösungsprozess bleiben, der uns letztlich blockiert. Ich stelle mir als Bild für diesen Zustand gern einen schweren Röhrenfernseher vor, den ich mir an mein Bein binde. Damit du mich nicht falsch verstehst: Ich wünsche mir auch eine größere Nachhaltigkeit für unsere Technologie, aber dafür braucht es einen anderen Ansatz. Rauszögern nützt da nichts. Und ähnlich wie mit Röhrenfernseher und Co. belasten wir uns auch mit nichtmateriellen Dingen.

In beiden Fällen gilt: Trau dich zu trauern, erst dann kannst du den nächsten Schritt gehen. Wenn uns klar wird, dass es so, wie es aktuell ist, nicht bleiben wird, ja, nicht bleiben kann, dann gilt es, sich vom alten Ballast zu befreien. Schon die alten Griechen hatten dafür einen Ausdruck: »Panta rhei« (»Alles fließt«).

Zum Glück können wir trauern, loslassen und so Neues entstehen lassen. In Sachen Digitalisierung sollten wir uns Gedanken darüber machen, was wir durch sie erreichen wollen, anstatt in Furcht zu erstarren oder in halbherziger Trauer über das Vergängliche stecken zu bleiben. Wenn es weniger um gesellschaftliche Veränderungen und mehr um Persönliches geht, dann kann folgender Tipp Trauerhilfe leisten.

Impuls

Weinen ist ein wichtiger Ausdruck von Trauer und kann uns helfen, mit dieser Emotion wieder besser in Kontakt zu kommen. Wenn du in einer Situation schon lange feststeckst und das Trauern deshalb nicht gelingt, dann kannst du die Schleusen anders öffnen: Traurige Musik, ein entsprechender Kinofilm oder Roman können helfen, die Stimmung und das Weinen zuzulassen. Zuerst, weil der Film so traurig ist, dann aber auch, weil wir über unser Thema trauern. Das Wunderbare an Tränen ist, dass sie uns entlasten, Stress reduzieren und es uns nach dem Weinen meist besser geht. Wir lassen los und können dann befreit unseren Blick wieder nach vorn richten.

Was für eine Art Leben wollen wir als Menschheit mit all unseren technischen Errungenschaften erschaffen? Wohin soll die Reise gehen? Wenn wir in diesem Sinn eine Vision entwickeln, uns austauschen und das Ganze mitsteuern, übernimmt wieder unsere Selbstwirksamkeit. Wenn wir die Digitalisierung sich selbst und damit vor allem auch den wirtschaftlichen Interessen einiger Weltkonzerne überlassen, dann stellt sich die Frage, ob das, was wir bekommen, wirklich das ist, was wir wollen. Und ganz ähnlich sind die Entwicklungen in deinem Leben. Mach deine Probleme und damit deine Lebensgestaltung sehr viel größer. Entwickle dich, und deine Selbstwirksamkeit trägt dich weiter.

Schiebst du noch oder zieht es dich schon?

Wenn wir etwas Neues lernen möchten – und genau das tun wir, wenn wir ein Problem neu angehen – dann gibt es einen großen Hemmschuh: die Schmerzvermeidungstendenz in uns. Wir haben Angst vor unangenehmen Gefühlen, auch jenseits der Trauer. Also tun wir alles, um sie zu vermeiden – oft allerdings mit dem Ergebnis, uns erst recht schlecht zu fühlen. Was führt uns aus dieser Falle? Wir können die Verlockung am Ende des Weges größer werden lassen als die Angst vor dem Schmerz und dem Scheitern. Das gibt uns neuen Auftrieb und wir werden aktiv.

In der Marketingpsychologie wird zwischen dem Push- und dem Pull-Ansatz unterschieden. Bei Ersterem versucht man, den Kunden dazu zu bringen, das Produkt oder die Dienstleistung zu kaufen. Man pusht ihn zum Kauf, und es kann passieren, dass der Kunde das Produkt nur nimmt, um endlich seine Ruhe zu haben. Ganz anders beim Pull-Ansatz: Hier geht es darum, den Kunden dazu zu bringen, dass er das Produkt oder die Dienstleistung von sich aus will. Entsprechend werden die Botschaften formuliert. Wenn eine Pull-Kampagne Erfolg hat, dann campen weltweit tausende Menschen vor den Applestores, wenn ein neues Apple-Produkt auf den Markt gebracht wird.

Dieses Wissen kannst du für die innere Kommunikation nutzen, um deine Energie zu fokussieren und dich so vom Push zum Pull zu entwickeln. Es geht darum, die eigenen Ziele so zu formulieren, dass absolut klar wird, was du mit dem, was du tust, erreichen willst. Oft machen wir genau das Gegenteil und fügen Bedingungen an, die kontraproduktiv sind. Zum Beispiel: »Wenn ich die Zeit gefunden habe, mein Arbeitszimmer aufzuräumen, dann werde ich wieder anfangen zu malen.« Im Pull ist dagegen das Aufräumen ein selbstverständlicher (und lustvoller) Schritt dazu, endlich das umzusetzen, was wir erreichen wollen: »Ich räume jetzt mein Arbeitszimmer auf, denn ich möchte mir einen großartigen Raum dafür schaffen zu malen«, wäre eine passende Formulierung. Wir schwingen uns auf das ein, was uns wichtig ist (und fokussieren nicht auf das Hindernis!). So entsteht mit der Vision der Schwung, das Vorhaben umzusetzen.

Wieder schwingungsfähig werden

In uns gibt es Emotionen, die uns den Impuls geben, auf etwas zuzugehen. Und es gibt Emotionen, die uns zurückhalten. Alles in unserem Gehirn balanciert sich vereinfacht gesagt so aus, dass wir entweder aktiv werden oder es bleiben lassen. In der Begeisterung scheint alles ganz einfach, und wir packen die Probleme an. In der Verstimmung stellen wir alles infrage und bleiben passiv. Eine gesunde Grundhaltung erlaubt uns beide Seiten. Begeisterung und Verstimmung markieren die Ausschläge in unserem Erlebensspektrum (siehe auch Seite 56). Wenn wir beides zulassen können, findet unser Leben in einer gesunden Schwingung zwischen beiden Polen statt.

Impuls

Nimm dir Stift und Papier (oder dein Notizbuch) sowie zehn Minuten Zeit für diese Übung.

1. Schreib auf, was du gern und schon lange (wieder) in dein Leben bringen möchtest und warum sich das für dich lohnen würde. Zum Beispiel: Wieder Klavier spielen, weil ich bei nichts anderem so abschalten kann. Du machst dir auf diese Weise klar, was dich zieht.

2. Recherchiere, welches Klavier du haben möchtest, was es kostet, wie viel Platz es braucht, wo du es kaufen willst …

3. Schreib dann auf, was du brauchst, um dein Ziel zu erreichen. Zum Beispiel: jede Woche einen bestimmten Geldbetrag zur Seite legen (und dafür auf dies oder jenes verzichten), in der Wohnung Platz für das Piano schaffen …

4. Beginne jetzt mit der Umsetzung: Besorge dir eine Spardose oder richte einen Dauerauftrag ein. Räum den alten Sekretär aus und stell ihn bei Ebay ein …
Ist alles geschafft: Kauf dir das Klavier und feiere diesen Tag.

Die meisten Menschen aber erlauben sich aufgrund ihrer Erfahrungen und der Reaktionen ihres Umfeldes in ihrer Stimmungskurve nur kleine Ausschläge nach oben. Euphorie erscheint gefährlich, und wir wittern Kontrollverlust. Eine Verstimmung dagegen gilt als salonfähig. Denk an den Spruch, der in vielen Büros wenige Tage nach dem Urlaub üblich ist: »Ich bin schon wieder urlaubsreif.« Genau genommen holen wir uns damit aus dem wunderbaren Urlaubsgefühl zurück in eine Welt, in der wir glauben, nicht gut drauf sein zu dürfen. Vielleicht haben wir Sorge, dass unsere Kollegen und Kolleginnen uns komisch anschauen, wenn man uns nach einer Woche immer noch ansehen kann, wie erholt und energiegeladen wir sind. Kurzum: Unserem sozialen Gehirn ist das Mitschwingen auf einem niedrigen Büroniveau lieber als das gute Gefühl, das wir stattdessen haben könnten.

Unser soziales Gehirn sorgt dafür, dass wir vorsichtig eine eher fade Mitte anstreben. Das ist nicht nur langweilig, es führt auch dazu, dass wir unsere Entwicklung ausbremsen und es kaum noch vorangeht. Erst im Schwingen zwischen beiden Polen sind wir wirklich lebendig und unser Leben ist von Wachstum und Entwicklung geprägt.

(Kein) Stillstand auf der Sinuskurve

Wie bei der Digitalisierung angesprochen, haben Maschinen, Programme und Algorithmen keine Stimmungsschwankungen, wir Menschen hingegen schon. Wir bewegen uns in permanenten, sinusförmigen Kurven durch ein gesundes Leben: tief unten die deprimierte Verstimmung, ganz oben die grenzenlose Euphorie. Wir glauben dabei meistens, dass der Schmerz auf dieser emotionalen Achterbahnfahrt dann am größten ist, wenn wir ganz unten sind. Das stimmt aber nicht. Der Schmerz ist dann am größten, wenn wir den Scheitelpunkt der Begeisterung wieder verlassen, wenn wir also merken, dass wir den Höhepunkt hinter uns haben und es wieder bergab geht. Wenn wir spüren, dass wir diese extreme Auslenkung nicht halten können und wieder abrutschen. Daraus haben wir gelernt: Wenn wir Begeisterung zulassen, machen wir uns somit verletzlich. Wenn wir uns verlieben, kann das in der Folge ziemlich wehtun. Wenn wir etwas erreichen, können wir es auch wieder verlieren. Und daraus schließen viele von uns: Wenn wir an Ort und Stelle bleiben, sind wir sicher. Also besser gar nicht erst zulassen, dass wir uns verlieben oder etwas Großen anpacken.

Diese Haltung führt dazu, dass wir nicht einfach nur Begeisterung vermeiden, um weniger Schmerz ausgesetzt zu sein. Wir verringern insgesamt unsere Schwingungsfähigkeit – die Empfindungen und Erfahrungen, mit denen wir mitschwingen, werden insgesamt weniger. Das Spektrum wird schmaler. Unser ganzes System wird tendenziell gehemmt und gelähmt. Unser Leben wird eintönig und schal. Deshalb ist es so ungemein wertvoll, wenn wir uns erlauben, wieder Begeisterung zuzulassen. Das erfordert etwas Mut. Aber das Leben ist nun mal nichts für Feiglinge, und ich empfehle gern: Nutze deine Probleme für dein emotionales Mitschwingen mit dem Leben. Und wenn du gerade kein Problem dafür zur Verfügung hast, dann mach dir eins! Es lohnt sich.

Wir neigen dazu, unsere emotionale Schwingungsfähigkeit zu begrenzen. Das geschieht mit der Absicht, die Kontrolle über möglichen Schmerz zu behalten. Doch erst wenn wir die volle Schwankungsbreite zulassen, erfüllt uns das mit Lebendigkeit und Energie.

Sicher sagst du nicht: »Ich möchte keine Begeisterung.« Aber mehr oder weniger bewusst denkst du wahrscheinlich: »Ich möchte keine Enttäuschung und keinen Schmerz erleben.« Und genau damit verschließt du dich auch vor der Begeisterung, der immer eine gewisse Enttäuschung folgen wird, so wie es bei einer Bergwanderung nach jedem Bergauf wieder ein Bergab gibt.

Mein Kollege Heiner Creutzburg hat für diese Thematik eine erstaunliche Frage entwickelt, die ich dir hier auch stellen möchte. Eine völlig verrückte Frage, die auch nicht sofort ihre positive Dynamik offenbart. Aber diese Frage (siehe Impuls nächste Seite) ist äußerst hilfreich, um sich Klarheit über die Kurven des Lebens zu verschaffen.

Impuls

Nimm dir einen Moment Zeit und stell dir folgende Frage: Wofür bin ich bereit, verzweifelt zu sein? Denk dabei auch an dein aktuelles Problem und lass die Frage wirken.

- Wenn du gerade in einer Beziehungskrise steckst, dich fragst, ob du irgendetwas in der Erziehung falsch gemacht hast, oder wenn du der Zeit vor deinem aktuellen Job hinterhertrauerst – diese Frage erlaubt dir zu erkennen, dass das, was du gerade erlebst, vielleicht einfach dazugehört. Dass das, was sich gerade so mies anfühlt, notwendig ist, und du bereit bist, für deinen Partner, deine Kinder oder dein berufliches Ziel durch diesen Kurvenverlauf zu gehen – hin zu einem größeren Ergebnis.
- Die Frage könnte dich aber auch zu dem Schluss kommen lassen, dass ein aktuelles Problem es nicht wert ist, weiter verzweifelt zu sein. Dann ist es gut, diese Klarheit gewonnen zu haben. Du kannst dann loslassen und dich neu ausrichten.
- Darüber hinaus kannst du die Frage aber auch unabhängig von einem Problem stellen, also auch wenn gerade alles gut läuft. Wenn du zum Beispiel Kinder hast: In deiner Familie wachsen eigenständige Menschen heran und früher oder später wird es Streit, Schmerz und Enttäuschung geben. Das ist sogar notwendig. Frage dich einfach einmal selbst: Sind meine Kinder es mir wert, möglicherweise mehrfach durch die Verzweiflung zu gehen? Mit dieser Frage stimmst du von vorneherein dem Schmerz als notwendigen Teil dessen zu, was es heißt, eine Familie zu haben. Das wird den Moment der Krise, der zweifelsohne kommen wird, in einem anderen Licht erscheinen lassen und dir helfen, die nötige Klarheit und Energie aufzubringen.

Wofür bin ich bereit, verzweifelt zu sein? Mit dieser Frage entwickeln wir schon im Vorfeld große Kraft und überwinden die Tendenz, bei Schwierigkeiten einfach schnell zur Seite auszuweichen. Wir erklären uns bereit für die schwierigen Gefühle, im Wissen, dass sie notwendig sind und dass sie vorübergehen werden. Es ist eine freiwillige Selbstverpflichtung zu dem, was uns wichtig ist, die wir damit abfragen. Wenn du beispielsweise wieder eine Partnerschaft möchtest: Wofür wärst du bereit, auch Verzweiflung zuzulassen? Für Geborgenheit und die Erfahrung, dass jemand zu dir steht? Das würde sich doch lohnen, oder?

Es ist wichtig, im Leben immer wieder die eigene Risikofreude zu überprüfen. »Bin ich bereit, über bisherige Grenzen zu gehen?« Wenn du stark dazu neigst, Risiken zu vermeiden, dann bist du meist gezwungen, alte Probleme aus der Vergangenheit mit dir herumzuschleppen und darauf herumzukauen. Risikobereitschaft ist die Voraussetzung, um Veränderung zuzulassen – und Veränderung ist Entwicklung. Entwicklung wiederum ist auf lange Sicht die Lösung für deine Probleme. Wenn wir am Anfang unseres Lebens das Problem haben, nicht laufen zu können, dann entwickeln wir uns so lange weiter, bis wir es können. Wir nehmen das Risiko in Kauf, hinzufallen, ausgelacht zu werden und uns wehzutun. Doch eines Tages laufen wir.

Lernen von der Fangemeinde

Fan einer Sportmannschaft zu sein, wählen sich viele Menschen freiwillig als Problem. Sie haben es nicht in der Hand, wie die Mannschaft spielen wird. Sie zittern und bangen. Sie jubeln, wenn sie gewinnt, und sind zu Tode betrübt, wenn sie absteigt. Fan einer Mannschaft zu sein, die nicht FC Bayern München oder Borussia Dortmund heißt, bedeutet, oftmals tief frustriert zu sein. Es schweißt die Menschen aber auch zusammen, sie stehen gemeinsam etwas durch und erleben viele Emotionen. Sie schwingen auf der Sinuskurve und sind dabei bereit, auch mal verzweifelt zu sein.

Ziel: Weltklasse

Seit zwanzig Jahren hatte Harald eine Hausarztpraxis auf dem Land. Aus allen umliegenden Ortschaften kamen die Patienten zu ihm. Er hatte ein gutes Auskommen mit allen und konnte stolz sagen, dass seine Praxis florierte. Wirklich erfüllt allerdings war er nicht. Denn schon vor Jahren hatte er begonnen, sich für komplementäre Methoden zu begeistern, insbesondere für die Traditionelle Chinesische Medizin (TCM) inklusive Akupunktur. Er hatte mehrere hochklassige Abschlüsse in diesen Bereichen gemacht, aber er nutzte sein Wissen kaum. Denn er war der Meinung, dafür nicht die richtige Klientel zu haben und in seiner Praxis nicht die notwendige Zeit dafür aufbringen zu können.

In unserem Gespräch provozierte ich ihn ein wenig: »Findest du nicht, dass es unterlassene Hilfeleistung ist, wenn du erstklassige Angebote machen könntest, die deinen Patienten wirklich weiterhelfen, aber du tust es nicht?« Harald redete sich heraus: Er dürfe die sehr gute hausärztliche Versorgung der Patienten, die ihm seit Jahren die Treue halten, nicht vernachlässigen und die koste eben Zeit. Doch er gab auch zu, dass er mit der TCM bei verschiedenen Krankheitsbildern sehr viel mehr erreichen könnte.

Im Dialog wurde ihm nach und nach klar, wie er sein Problem auf eine andere Ebene heben konnte: Bisher hatte Harald das Problem, neben seiner hausärztlichen Praxis nur schwer seine hoch geschätzte TCM anbieten zu können. Als Erstes legte Harald die »hausärztliche Versorgung und die notwendige Zeit dafür« erst mal ins Regal (siehe Seite 76). Dann kamen wir in mehreren Schritten zu Haralds neuem Problem: »Wie kann ich es schaffen, auf dem Land ein Weltklasse-TCM-Anbieter zu werden?« Im Kern war es dasselbe – und doch hat der veränderte Blick alles verwandelt. Er setzte Ressourcen in Harald frei und ließ ihn aktiv werden.

Der Spiegel des Perseus

»Alles, was du hast, hat irgendwann dich.«

AUS DEM FILM »FIGHT CLUB«

Wir wissen heute, dass unser Gehirn in Geschichten »denkt«, und deshalb liebt es auch Emotionen. Deren Helden und Heldinnen haben immer so einiges zu durchleiden und zu meistern – und wir fühlen dabei mit ihnen. Schon immer hatten Helden eine besondere Strahlkraft und so, wie sich heute Millionen von Menschen Comic-Verfilmungen in den Kinos ansehen, hatten auch schon die alten Griechen ihre Superhelden. Wir lieben die entsprechenden Mythen und Geschichten, weil sie unsere Fantasie anregen und weil wir uns auch gern mit den großartigen Figuren identifizieren. Wer wünscht sich in seinem Alltag nicht auch ein paar Superkräfte oder einen Zauberstab?

So groß oder klein, wie du es willst

An dieser Stelle lade ich dich zu einem Experiment ein: Ich würde dir gern etwas an die Hand geben, keinen Zauberstab, sondern einen Zauberspiegel. Ein Stück vom glänzenden Schild des Perseus. Dieser griechische Heros bekam ihn einst von der Göttin Athene geschenkt, um die Medusa zu bezwingen. Nur mit seiner Hilfe nämlich konnte er dieses Monster betrachten – eben im Spiegel –, ohne vor diesem Anblick zu Stein zu erstarren, wie es so vielen davor ergangen war.

Genau diese Kraft hat der Spiegel, den du jetzt in den Händen hältst. Egal, mit welchem Problem du dich gerade herumschlägst – dieser Spiegel verleiht dir die Fähigkeit, flexibel zu bleiben, statt zu erstarren. Mithilfe der Betrachtung im Spiegel kannst du nämlich alles, was du siehst, beliebig in seiner Größe verändern: In der Reflektion kannst du dein Problem gestalten.

In unseren Kursen, die unter anderem auf der griechischen Insel Kos stattfinden, arbeiten mein Kollege Heiner Creutzburg und ich sehr gern mit dem Spiegel des Perseus. Dann nehmen wir zum Beispiel an, dass ich auf dem Weg zum Seminar noch schnell frühstücken möchte und beim überwältigenden Buffet des Hotels ausgerechnet jetzt das Rührei alle ist. Was tun? Ohne den Spiegel könnte es mir passieren, dass mich dieses Problem »zu Stein erstarren« lässt. Dass ich ein geschlossenes Problem daraus mache. Ich könnte mir inmitten der Fülle einen Mangel erschaffen und meine Laune würde mich wie ein Stein zu Boden ziehen. Womöglich würde ich noch immer hungrig und zusätzlich verärgert im Seminar erscheinen.

Wenn wir Probleme in einem imaginären Spiegel betrachten, stellen wir einen Abstand zu ihnen her. Dieser ermöglicht es, unsere Einflussmöglichkeit auf dieses Problem besser zu erkennen.

Doch ich habe ja den Spiegel und damit die Wahl. Zunächst mache ich das Problem groß, am besten riesig: »Mein Gott! Das Rührei ist alle! Das war pure Absicht! Ich werde hier absichtlich gequält. Das Wasser im Pool wird wahrscheinlich auch absichtlich morgens um drei Grad gekühlt, nur um mich zu ärgern! Was kommt als Nächstes? Vielleicht lassen sie es gleich noch regnen?!« Okay, das macht Spaß. Das Szenario in meinem Spiegel wirkt wie eine Komödie, und ich muss jetzt grinsen, wenn ich die leere Stelle auf dem Buffet sehe.

Und jetzt drehe ich es in die andere Richtung, ich mach das Problem kleiner oder lass es gleich ganz verschwinden: »Aha, man hat das alte Rührei für mich schon mal weggenommen und bereitet mir gerade frisches zu. Fantastisch! Die wissen wirklich, was ich will!« Auch nicht schlecht – jetzt sehe ich im Spiegel das Schlaraffenland. Und wenn jetzt eine Servicekraft auch noch das gerade frisch zubereitete Rührei bringt, bin ich aus tiefstem Herzen dankbar.

Die Aufgabe für die Teilnehmer und Teilnehmerinnen im Seminar ist es, den Spiegel zu benutzen, wann immer ihnen etwas missfällt oder als Problem begegnet. Die Rückmeldungen sind spannend: Viele Probleme haben sich mithilfe des Spiegels gewandelt. Und das oftmals nachhaltig, denn es gelingt vielen, die inneren Beschwerden über dieses und jenes Problem damit zu reduzieren und es sich und uns allen damit leichter zu machen. Darüber hinaus spiegelt sich die Veränderung im wahrsten Sinne des Wortes auch in unserem Umfeld: Nicht wenige unserer Klienten bekommen tolle Feedbacks zu ihrer neuen Gelassenheit von ihren Mitmenschen.

Impuls

1. Nimm einen Zettel oder ein kleines Stück Pappe, schreib »Spiegel des Perseus« darauf und steck ihn in deine Tasche. Immer wenn du deinem »Spiegel« begegnest (zum Beispiel weil du deinen Schlüssel in der Tasche suchst), reflektiere kurz, wo du diesen Spiegel in der letzten Stunde hättest einsetzen können.

2. Nimm dir jetzt oder auch später, die Zeit, ihn anzuwenden: Mach das jeweilige Problem mit seiner Hilfe riesengroß – übertreibe es und hab Spaß dabei. Und dann lass es kleiner werden, bis es fast verschwindet oder sich so dreht, dass du das Gute darin siehst.

Es wird nicht lange dauern, dann brauchst du den Zettel nicht mehr in deiner Tasche. Denn irgendwann wird dir der Blick in den Spiegel des Perseus zur Gewohnheit werden. Viel Spaß!

Was treibt dich an?

Gehörst du zu denjenigen, die sich über Jahre hinweg im beruflichen Stress darauf trainiert haben, immer mehr zu schaffen, immer mehr Projekte, immer mehr Patienten, immer mehr Baustellen? Dann drehst du ein großes Rad und deine Problemkompetenz wird in dieser Hinsicht auch immer stärker und leistungsfähiger geworden sein. Doch wer sagt, wann die optimale Drehzahl erreicht ist? Niemand! Auch wir selbst verpassen oftmals dieses Optimum, denn irgendwie ist da dieses innere »Da geht noch was…«, das uns immer weiter antreibt. Dann ziehen wir uns noch mehr Projekte oder Patienten oder Baustellen an Land. Das Karussell dreht sich noch schneller. Dir ist vielleicht schon schwindelig, aber immer, wenn etwas geschafft ist, wirst du mit Glückshormonen überschwemmt – und schon rennst du weiter. Kennst du so etwas? Dann möchtest du sehr wahrscheinlich wissen, wie du wieder zu deiner persönlichen Idealdrehzahl kommen kannst?

Wir alle rennen heute so viel schneller durch unser Leben als unsere Vorfahren. Das macht Spaß, das kickt, auf Dauer sind wir dafür aber nicht gemacht und zahlen den Preis.

Der erste Schritt besteht darin, zu hinterfragen, warum das Gaspedal so attraktiv für uns ist. Die Antwort ist relativ einfach: Es hat bisher immer gut funktioniert. Immer wenn es knifflig wurde, haben wir einen Gang zugelegt und es irgendwie geschafft. Unser System hält Gasgeben also für eine schlaue Lösung. Was es dabei nicht berücksichtigt, ist erstens, dass wir im Lauf der Zeit auch andere Möglichkeiten hinzugewonnen haben als Gasgeben, dass wir kompetenter in dem geworden sind, was wir tun, einfach dadurch, dass wir es so lange schon tun. Zweitens vergisst es, dass wir nicht jünger werden und dass wir das Gasgeben auf Kosten von Schlaf und Freizeit nicht mehr so leicht wegstecken wie noch vor ein paar Jahren.

Der nächste Schritt besteht dann darin, zu hinterfragen, wofür wir eigentlich etwas tun. Der folgende Spruch aus Italien ist da hilfreich: »Die Deutschen sind das einzige Volk, das keine Zeit hat, an einem schönen Tag auf der Sonnenterrasse zu sitzen, weil es arbeiten muss, um sich eine zweite Sonnenterrasse leisten zu können.« Ist das neue Projekt wieder ein Schneller-weiter-höher-Gedanke, der dich treibt? Oder dient es deinem wirklichen Ziel und, falls ja: Was kannst du dafür an anderer Stelle abgeben. Auf diese Weise kannst du achtsamer mit deinen Kapazitäten umgehen.

Minimalismusprobleme

Sogenannte Minimalisten versuchen, so wenig wie möglich zu besitzen. Im Extremfall sind das einhundert Gegenstände oder sogar noch weniger. Das ist eine interessante Haltung und Methode, um sich von Ballast zu befreien und dabei auch noch die Nachhaltigkeit, die heute so wichtig ist, zu leben.

Gleichzeitig schaffen sich Minimalisten damit ein herrlich großes, neues Problem. Um so zu leben, müssen sie nicht nur selbst sehr konsequent auswählen, was sie (besitzen) wollen. Sie müssen sich auch ständig gegen die heute normale Schwemme an materiellen Dingen wehren, die immer wieder in unser Leben hineinschwappt. Der Minimalismus beseitigt viele Probleme – vor allem in den Bereichen Umwelt, Ordnunghalten und Finanzen –, und er schafft gleichzeitig neue, anders geartete. Und das ist für die Zufriedenheit der Minimalisten aus meiner Sicht genauso wichtig, denn so hat ihr Problemlösungsapparat gleich neue Aufgaben. Weniger ist mehr.

Stress?
Dann bitte eine größere Aufgabe!

Die Frage lautet also: Was treibt dich an oder wie kommt es, dass du immer auf Hochtouren läufst? Ist es Geld, Ansehen, der perfekte Körper? Was auch immer es ist – die Frage könnte auch lauten: Welchem Defizit läufst du hinterher? Besteht es überhaupt noch? Wenn du erkennst, dass du das lange verfolgte Ziel längst erreicht oder übertroffen hast (auch wenn die erhoffte Belohnung nicht ganz so ausgefallen ist, wie du es dir vielleicht gewünscht hast), dann hast du den wesentlichen Schritt getan, aus der Leistungsspirale auszusteigen. Denn oftmals haben wir frühere Wünsche bereits erfüllt: Wir haben zum Beispiel einen guten Job, Haus oder Wohnung, ein Auto und jedes Jahr einen schönen Urlaub.

Trotzdem können wir oftmals nicht aufhören weiter zu rennen – unser Ziel verschiebt sich dabei wie die Möhre, die an der Angel vor dem Esel baumelt. Hinzu kommt die Angst zuzugeben, möglicherweise seit Jahren irgendetwas Sinnentleertes getan zu haben, statt sich um die wirklich wichtigen Dinge zu kümmern. Das kann wehtun. Viel mehr noch: Es wird wehtun. Doch aufschieben hilft nicht, dann kommt die Erkenntnis einfach nur später, und es ist noch mehr Zeit ungenutzt vergangen. Im schlechtesten Fall stellen wir auf dem Totenbett fest: »Wie, das war es jetzt? Dafür all der Stress?«

Wenn man sich die Zeit nimmt und die Sache richtig durchdenkt, dann kommt man wahrscheinlich zu dem Schluss, dass man genau das nicht möchte. Unser Leben ist, soweit wir das wissen, einmalig. Im wahrsten Sinne des Wortes: Wir leben nur einmal. Dieses unser Leben so zu gestalten, dass wir in unserer letzten Stunde zufrieden darauf zurückblicken können, ist ein fantastisches Ziel und ein wirklich lohnendes Problem für jeden einzelnen Moment in unserem Leben. Und es ist ein wunderbar großes Problem.

Ein solches Ziel kann die Kraft haben, in unserem Alltag etwas grundlegend zu ändern und aus einer Immer-noch-mehr-Spirale auszusteigen. Als ich merkte, dass ich in genau so einer Spirale unterwegs bin, stellte ich mir eine ähnliche Frage. Und dann passierte etwas, für das ich ohne dieses Hinterfragen wohl nicht offen gewesen wäre: Gemeinsam mit einem Freund und Kollegen begann ich, eine Akademie zu gründen und wahnwitzig aufwendige Seminare zu geben. Natürlich taten und tun wir das, um den Männern und Frauen aus verschiedenen Berufen weiterzuhelfen. Aber wir tun es auch, um selbst gute Probleme zu haben. Getreu meiner Empfehlung, Probleme größer zu machen oder sich gleich neue auf einer höheren Ebene zu suchen.

Impuls

Schreib eine Laudatio für deinen eigenen neunundneunzigsten Geburtstag. Nutze dafür die Perspektive eines guten Freundes oder einer Freundin. Schreib auf, wofür er oder sie dich wirklich schätzt, was du für andere Menschen getan hast und was dein Leben ausgemacht hat. Erwähne alle wichtigen Meilensteine, mindestens einen pro Jahrzehnt, und lass es richtig krachen, es ist schließlich dein Neunundneunzigster!

Ein Leben zu führen, auf das man an dessen Ende stolz sein darf, ist natürlich der ganz große Wurf. Aber es funktioniert auch bestens, dieses Ziel so weit herunterzuskalieren, dass es auch im Alltag funktioniert: »Den heutigen Tag, die aktuelle Woche lebe ich so, dass ich stolz darauf sein kann.«

Unterforderung und …

Albert hat eine Stelle als technischer Experte in einem Patentamt bekommen, eine geregelte und nicht allzu anspruchsvolle Tätigkeit, die ihn unter normalen Umständen unterfordern würde. Doch statt sich zu langweilen, betreibt er Gedankenexperimente. Er nutzt seine freien Kapazitäten, und in den kommenden drei Jahren schreibt er seine Doktorarbeit und reicht mehrere Fachartikel zur Veröffentlichung ein. Ein paar Jahre später erhält er den Nobelpreis und gehört bis heute, mehr als sechzig Jahre nach seinem Tod, zu den bekanntesten Persönlichkeiten der Wissenschaft: Albert Einstein. Er hat seinem Leben die Probleme gegeben, die ihn erfüllten, statt sich über seinen Job zu beschweren.

… Denkgenuss

Stephen ist ein weiteres Genie der Naturwissenschaften. Er ist jung an einer fortschreitenden Lähmung erkrankt: amyotrophe Lateralsklerose, unheilbar. Er nimmt dieses schwere Schicksal an, dabei hilft ihm ein noch größeres Problem: die Erforschung der tiefsten Geheimnisse des Universums. Es wird erzählt, wie er einmal auf einer Feier zusammengesunken in seinem Rollstuhl hing. Seine Frau wandte sich an ihn und sagte: »Bitte geh doch etwas in Kontakt mit der Gesellschaft. Alle denken, du leidest. Die wissen ja nicht, dass du den Spaß deines Lebens hast, weil du über dein Lieblingsproblem nachdenkst.« Die Beschäftigung mit den unermesslich großen kosmologischen Fragen machte sein körperliches Problem für ihn klein und damit im wahrsten Sinn des Wortes lebbar. Stephen Hawking überlebte die Prognose seiner Ärzte um viele Jahrzehnte, veröffentlichte eine beeindruckende Zahl an Artikeln und Büchern und erhielt viele Ehrungen und Wissenschaftspreise.

Problembeladen glücklich 3:

Wähle deine Probleme, sonst wählen sie dich

Vielleicht bist du nach der bisherigen Lektüre einer Meinung mit mir: Ein paar sinnvolle Probleme parat zu haben, kann nicht schaden. Es ist ein wenig wie bei Marmelade: Die beste hat man mit viel Liebe selbst gemacht und die Zutaten sind handverlesen.

Eine Kommode voller Probleme

»Kurz gesagt, der Musiker muss spielen, der Maler muss malen und der Dichter muss schreiben, wenn er mit sich selbst in Frieden leben will.«

ABRAHAM MASLOW

Probleme sind – bitte verzeihen Sie mir, Herr Hawking – gewissermaßen wie Schwarze Löcher, die eine extrem starke Anziehungskraft haben. Sie saugen unsere Aufmerksamkeit an und verändern unsere Realität. Hat jemand zum Beispiel einen langwierigen Rechtsstreit, kann dieser alle Kräfte, alle Gedanken und sehr viel Zeit verschlingen. Die betreffende Person denkt monatelang darüber nach. Wie bei einem Schwarzen Loch beginnt sich seine komplette Realität um dieses Problem zu krümmen und mitten im Alltag landet seine Aufmerksamkeit immer wieder bei diesem Thema. Das ist anstrengend und nervig.

Eine hilfreiche Strategie, mit derartig hartnäckigen Problemen umzugehen, ist es, aktiv ein anderes Problem zu wählen. So wie das Schwarze Loch den Raum verändert, so können wir durch ein ganz andersartiges Problem unsere »verkrümmte« Realität wieder geradebiegen. Das funktioniert sogar bei Depressionen: Menschen mit dieser Diagnose profitieren davon, eine Fremdsprache zu lernen. Es ist wissenschaftlich erwiesen, dass dies die Behandlung wirksam unterstützen kann.

Die Kunst ist es also, trotz der vom Rechtsstreit – oder wovon auch immer – gefangenen Gedanken eine neue Vision zu entwickeln. Das ist gar nicht so einfach, und wenn es mit all den Mitteln und Wegen, die ich bereits aufgezeigt habe, nicht gelingt, dann hilft erst mal ein (beliebiges) Projekt. Idealerweise eines, bei dem man die Fortschritte schnell sieht, so wie man in einer neuen Fremdsprache relativ schnell bis zehn zählen kann. Ein kleines, aber spürbares Erfolgserlebnis, das unser Belohnungszentrum langsam wieder zum Leben erweckt.

Impuls

Wenn wir neue Projekte angehen, übertreiben wir es gerne. Deswegen sind die folgenden Beispiele nach (Zeit-)Aufwand sortiert. Die Mini-Projekte bringen uns einen schnellen, aber kurzen Motivationsschub. Die Maxi-Projekte erfordern Planung, zum Teil über mehrere Tage, weil zum Beispiel Materialien eingekauft werden müssen. Diese Projekte sind viel nachhaltiger für unsere Stimmung, bergen aber die Gefahr, dass wir nicht zum Ende kommen und noch frustrierter sind. Mein Tipp: Fang mit Mini-Projekten an und hol dir bei Maxi-Projekten Unterstützung. Hier ein paar Beispiele.

- **Mini-Projekte:** einen Brief an einen Freund/eine Freundin schreiben, den Schreibtisch aufräumen (oder erst mal eine Schublade), eine Pflanze umtopfen, das Fahrrad ölen.
- **Medium-Projekte:** ein Vogelhaus bauen, eine Fotocollage erstellen oder ein Bild malen, ein neues Musikstück lernen (wenn du schon ein Instrument spielst).
- **Maxi-Projekte:** einen Raum neu arrangieren, den Balkon umgestalten, eine Wand in der eigenen Lieblingsfarbe streichen, ein Ehrenamt übernehmen.

Auch, wenn bei dir gerade kein Problem zu einem Schwarzen Loch mutiert ist und auch sonst nichts heftig zwickt, ist es nicht das Schlechteste, dir ein paar gute Probleme in Form von Projekten zu überlegen, an denen du bei Bedarf knobeln kannst.

Du könntest dazu zum Beispiel ein Nice-to-do-Kapitel in deinem Notizbuch anlegen. Aus dieser Quelle kannst du schöpfen und immer wieder attraktive, selbst gewählte Aufgaben angehen.

So setzt du deine Ressourcen aktiv für ausgewählte Probleme ein, denn sonst werden sich diese Ressourcen gewissermaßen auf eigene Faust Probleme suchen. Das Gehirn greift dann meist in die unteren Schubladen der Problemkommode. Wenn du aber aktiv Aufgaben und Herausforderungen aus der oberen Schublade parat hast, kann sich dein Leben deutlich zufriedenstellender gestalten. Erfahrungsgemäß wirst du dann viel seltener Probleme aus den unteren Schubladen bekommen. Wie jetzt? Was haben Probleme in Kommoden und Schubladen zu suchen? Natürlich ist das Ganze nur ein Modell und in der Realität ist alles viel komplexer. Doch es veranschaulicht die grundlegenden Mechanismen und macht es dir leichter, deine Probleme und überhaupt das Phänomen »Problem« einzuschätzen.

Die drei Schubladen

Wir stellen uns vor, dass alle Probleme aus einer Kommode mit drei übereinanderliegenden Schubladen kommen. Doch was stände, wenn wir diese Schubfächer beschriften würden, auf dem jeweiligen Schild? Das Ordnungssystem, nach dem wir uns dabei richten, hat mit den menschlichen Bedürfnissen zu tun, von ganz existenziellen, wie »Hunger stillen«, bis hin zu mehr individuellen und ideellen Bedürfnissen, deren Befriedigung unserem Leben einen Sinn verleiht.

Ganz unten: Vitalität

Hier geht es um alle Bedürfnisse unseres Körpers und um die materielle Welt. Dazu gehört auch unser Bedürfnis nach Sicherheit, also etwa nach körperlicher Unversehrtheit oder einem Dach über dem Kopf. Ich nenne diesen Bereich Vitalität. Probleme aus dieser Schublade greifen die Substanz an, es geht uns schlecht, wir fühlen uns schlapp oder erkranken sogar. Die Menschheit hat sich viel Mühe gegeben, diese Schublade, so gut es geht, zu schließen, doch trotz aller Fortschritte gibt es weltweit noch immer Hunger oder Verfolgung.

Auch in einer sicheren Gesellschaft, wie der unseren, kann es passieren, dass wir ein Problem aus dieser Kategorie bekommen. Zuweilen greifen wir auf der Suche nach der Lösung eines anderen Problems selbst in diese Schublade. Krank zu werden etwa kann eine Lösung darstellen, die in Situationen großer Überforderung oder von sozialem Stress fürs Erste Entlastung schafft (siehe auch Seite 30), die aber auch einen sehr hohen Preis hat – nämlich unsere Vitalität.

In der Mitte: soziale Bedürfnisse

Hierzu geht es um das Eingebundensein in ein vielfältiges Netz von Beziehungen, etwa zu Familie, Freunden, Nachbarschaft. Die sozialen Bedürfnisse stehen über den Vitalitätsbedürfnissen. Um sie kümmern wir uns in der Regel erst, wenn wir gewissermaßen satt und sicher sind. Doch sie sind gerade heute besonders wichtig. Deswegen zähle ich auch den Beruf zu dieser Ebene – schließlich bietet auch er uns ein Umfeld für Austausch, Gemeinsamkeit und Anerkennung. Und er ist ein Spielfeld für unsere Fähigkeiten. Ohne Job sind wir in unserer Gesellschaft zwar wirtschaftlich versorgt, aber die Befriedigung sozialer Bedürfnisse ist erheblich eingeschränkt.

Wie du merkst, greifen wir uns unsere Probleme sehr häufig aus dieser zweiten Schublade. Auch weil soziales Miteinander so komplex ist, dass es ein so aufwendiges Gehirn wie das unsere erfordert (siehe Seite 46 bis 48). Alle Konflikte mit unseren Mitmenschen kommen aus diesem Bereich, private und berufliche. Und häufig erzeugen wir genau hier jede Menge geschlossener Probleme (siehe Seite 99 bis 111), aus denen wir oft nur schwer wieder hinausfinden.

Ganz oben: Selbstverwirklichung

Ganz oben warten die Probleme, die wirklich Spaß machen können, sozusagen Luxusprobleme. Hier geht es um uns ganz individuell, um unsere persönlichen Neigungen und unsere Selbstverwirklichung, um persönliches Wachstum bis hin zu Spiritualität. Auch hier ist der Beruf wichtig, es geht aber mehr um Berufung. Die aktive Rolle als Elternteil bietet hier ein großes Spielfeld, und das auch für die eigene Entwicklung, schließlich durchleben wir mit den Kindern unsere eigene Kindheit noch einmal neu. Auch freiwilliges soziales Engagement, in das wir uns ganz einbringen, gehört mit in das oberste Schubfach. Und von hier starten wir Herzensprojekte, wählen uns herausfordernde, aber zugleich erfüllende Hobbys oder weiten unseren Geist über das allzu Irdische hinaus. Diese Schublade gibt unserem Gehirn etwas zu tun, das sehr erfüllend sein kann. Und dieses Gefühl der Sinnhaftigkeit wiederum gibt uns viel Energie.

Die Bedürfnispyramide

Abgeleitet habe ich die Kommode der Probleme von der Bedürfnispyramide. Diese geht auf den Psychologen Abraham Maslow zurück. Sein Modell der menschlichen Bedürfnisse wird als Pyramide mit fünf Ebenen dargestellt. Der breite Sockel besteht aus den physiologischen Bedürfnissen (Atmung, Schlaf etwa). Dann folgen die Sicherheitsbedürfnisse (materielle Absicherung), darüber stehen die sozialen Bedürfnisse (wie Zugehörigkeit, Geborgenheit). Erst wenn dies alles erfüllt ist, kommen wir überhaupt dazu, uns um die darüber liegenden Individualbedürfnisse zu kümmern (zum Beispiel persönlichen Erfolg oder Unabhängigkeit). Ganz oben schließlich geht es um das Bedürfnis der Selbstverwirklichung.

Der Weg hinauf

Die westliche Gesellschaft bietet heute für die Mehrzahl der Menschen eine komfortable Situation im Hinblick auf die ersten drei Stufen des Maslowschen Modells (siehe Kasten) und meist auch bis in die vierte hinein. Gerade deswegen sind Sinnkrisen heute ein großes Thema, und es ist wichtiger denn je, sich aktiv auch um die Bedürfnisse der höchsten Stufe (Selbstverwirklichung) zu kümmern. Wenn wir diese nämlich nicht aktiv bedienen, indem wir uns ein Problem (und damit einen Sinn) wählen, dann – so meine Beobachtung und die These dieses Buches – purzeln wir die Pyramide hinunter und finden uns auf den unteren Ebenen wieder.

Im Laufe der Menschheitsgeschichte haben wir vielfach gute Lösungen für die »unteren« Probleme gefunden: Wir verhungern oder verdursten oder erfrieren hierzulande nicht so einfach und sterben selten an Infektionskrankheiten. Außerdem haben wir die Nahrungsversorgung so verbessert, dass wir mittlerweile quasi auf der anderen Seite vom Pferd fallen und Probleme mit der Überversorgung in Form von Zivilisationserkrankungen bekommen. Wir leben in einer Demokratie und kennen praktikable Wege des guten Miteinanders und allerhand Techniken, Zwist zu schlichten. Auch die Möglichkeiten der Selbstverwirklichung, die ganz oben in der Pyramide steht, haben wir enorm erweitert. Wir wählen heute unsere Berufe, unsere Hobbys, unsere Partner und Freunde, ja selbst unseren Glauben und unsere Art, religiös oder spirituell zu leben (oder eben nicht), weitestgehend selbst aus oder erfinden manches sogar neu. So konnte die Menschheit auch als Ganzes immer wieder die Problemlösungsressourcen des Einzelnen auf eine höhere Ebene schieben, weil die Probleme auf der tieferen Ebene durch Erfindungen, Regeln und Konventionen sowie durch differenzierte Arbeitsteilung gelöst waren. Auf dieser Basis ist es für jeden Einzelnen von uns zunehmend eine Herausforderung, seine Ressourcen für Themen von möglichst weit oben einzusetzen. Und hier meine ich eben tatsächlich: sie aktiv auszusuchen, wann immer das möglich ist. Du weißt bereits, warum: Zum einen ist es wichtig, dass wir die Erfahrung von Selbstwirksamkeit und Kompetenz machen. Zum anderen will unser Problemlösesystem seine Kapazitäten einsetzen. Wenn wir es unterfordern, kann es passieren, dass es in die unteren Schubladen greift. In der Psychologie kennt man analog zum Burn-out durch Überforderung auch das Bore-out durch Unterforderung (von englisch »boredom« für »Langeweile«).

Stärke deine Stärken

Wenn jemand beim Tennis eine sehr gute Vorhand hat, aber die Rückhand eher schwach ist, wird kein Trainer sagen: »Vorhand ist ja prima, jetzt trainieren wir nur noch die Rückhand.« Ein kompetenter Trainer wird vielmehr so vorgehen wollen: »Natürlich sollten wir schauen, wie wir deine Rückhand stärken, vor allem aber sollten wir sehen, wie wir deine starke Vorhand gezielt einsetzen können.«

Wenn wir in einem Zustand sind, in dem wir glauben, nichts zu können, nichts hinzubekommen, ein Versager zu sein, dann dreht sich alles nur um das Defizit. Wir achten nur noch auf unsere schwache Rückhand. Wir arbeiten uns an diesem Thema ab und erzielen kaum Fortschritte. Eine wirksame Lösung oder sogar Er-Lösung kommt erst dann, wenn wir wieder die Bereiche hinzunehmen, in denen wir gut sind und uns mit Leichtigkeit als selbstwirksam erleben können. Wir wählen uns ein Problem aus einem Bereich, in dem wir uns zu Hause fühlen oder Lust haben, uns weiterzuentwickeln. Zugleich bindet das Ressourcen, die sonst auf dem alten Problem herumkauen und es dadurch im schlechtesten Fall sogar noch verfestigen würden. Bei deiner Auswahl »stechen« Probleme aus den höheren Schubladen die Probleme aus denen darunter. Auf jeden Fall verändern sie deren Relevanz, denn wir merken, dass wir mehr sind als die Schwierigkeiten, auf die wir uns fixiert hatten. Denk nur an Steven Hawkings Geschichte (siehe Seite 136).

Impuls

Probleme lassen sich nicht vermeiden, aber sie lassen sich steuern. Wenn du ein Problem hast, das dich ständig oder immer wieder beschäftigt, aber keine Änderung in Sicht ist – dann hast du es wieder einmal mit einem geschlossenen Problem zu tun. Wenn du es öffnen und aus der immer gleichen Gedanken- und Gefühlsspirale aussteigen willst, dann empfiehlt sich folgendes Vorgehen: Ordne das Problem einer Schublade zu, schau, was die darüber liegende Schublade zu bieten hat, und weite das Problem dorthin aus. Am besten lässt sich das Vorgehen an einem Beispiel erklären:

- Du hattest im letzten Jahr wenig Zeit für deinen Sport, zum Beispiel Volleyball. Jetzt fühlst du dich schlapp (unterste Schublade) und möchtest dich auch nicht blamieren, wenn du dort wieder auftauchst – zumal du auch ein schlechtes Gewissen hast, so lange nicht dort gewesen zu sein (mittlere Schublade). Ein typischer Mechanismus ist nun der folgende: Du kultivierst deinen Mangel an Zeit als Begründung. Das kann so weit gehen, dass du, selbst wenn du Zeit hättest, diese vertrödelst, um nicht in die Verlegenheit zu kommen, doch zum Volleyball gehen zu können. Und natürlich hilft es dann auch, sich weiter schlapp zu fühlen, denn der Sport fehlt dir auch weiterhin. Mehr noch: Es ist ein super Reserveargument, falls du einmal vergisst, deine Zeit zu vertrödeln. Das klingt verrückt? Dann untersuch doch mal eine ähnliche Situation bei dir. Und falls du fündig wirst, keine Sorge: So ticken wir zuweilen alle.

- Wenn du einen solchen Mechanismus bei dir erkennst oder zumindest vermutest, dann wähle dir ein Projekt aus den oberen Schubladen. Das könnte zum Beispiel ein Grillfest sein, das du für deine Volleyball-Mitspieler organisierst. Damit wählst du aus der mittleren Schublade den Bereich soziales Miteinander. Du trittst mit deinen Mitspielern wieder in Kontakt, indem du sie einlädst. Und vielleicht würzt du noch etwas nach und hältst eine kleine Rede. Das wäre dann eine Herausforderung und könnte aus deiner obersten Schublade kommen. Dieses Projekt setzt eine Dynamik in Gang, die dein Kategorie-C-Problem (siehe Seite 99 bis 111) wieder öffnet. Du veränderst das Setting und schaffst dir damit wieder die Basis für eine Entscheidung, die den Teufelskreis durchbricht. Das Fest hilft dir, das Thema neu anzugehen, und gibt dir einen Impuls für deine Wahl, entweder wieder regelmäßig zum Training zu gehen oder das Thema Volleyball für dich abzuschließen. Egal wofür du dich entscheidest: Du hast das geschlossene Problem von schlechtem Gewissen, Zeitproblemen und Schlappheit durchbrochen.

Was uns motiviert

»Die Freiheit des Menschen liegt nicht darin,
dass er tun kann, was er will, sondern,
dass er nicht tun muss, was er nicht will.«
JEAN-JACQUES ROUSSEAU

Wir können – das haben die bisherigen Ausführungen gezeigt – an unseren Problemsituationen und sogar bei den verflixten geschlossenen C-Problemen etwas ändern. Es gelingt uns zuweilen aber erst, wenn wir ganz neu an eine Sache herangehen, das Problem verlassen und unsere Aufmerksamkeit auf eine andere Ebene heben. So weit, so gut. Wenn du dir nun ein neues Problem aussuchst, mach es schlau. Wenn du noch nie Sport betrieben hast und jetzt Olympiasieger im Sprint werden willst, dann wird dich das höchstwahrscheinlich frustrieren. Du sollst dein Gehirn ruhig überraschen, aber nutz dabei vor allem deine Ressourcen – wie die starke Vorhand aus unserem Tennistrainerbeispiel (siehe Seite 144).

Unser Gehirn ist ein System, das sich selbst den äußeren Umständen und den inneren Vorgängen entsprechend organisiert. Basis dafür sind alle unsere Erfahrungen und unser daraus resultierender grundsätzlicher Umgang mit Problemen. Dieser ganze Pool an Wissen gibt unseren rosa Zellen (grau sind sie, wenn sie nicht mehr durchblutet werden) eine Art Sortiersystem vor, mit dem wir bestimmte Chancen in der Gegenwart nutzen, andere aber übersehen oder – oftmals viel zu früh – verwerfen.

Wenn wir zum Beispiel nach ein paar Vierern im Schulfach Englisch in uns abgespeichert haben, dass wir nicht gut in Fremdsprachen sind, dann werden wir ein Jobangebot in den USA für uns ziemlich schnell aussortieren. Vielleicht würden wir es nicht einmal zu Ende lesen, einfach nur, weil es auf Englisch ist. Wenn wir es hier schaffen, in unserem System eine andere Grundhaltung zu etablieren, die über dieser Automatik steht, dann erweitert sich unser Horizont. Dazu könntest du auf das vorherige Kapitel zurückgreifen und dir eine Vision schaffen (siehe Seite 121 bis 122). Was wäre, wenn du dir – trotz schlechter Englischschulnoten – ausmalst, wie es sich anfühlen könnte, eine Zeit lang in den USA zu arbeiten, berufliche Erfahrungen zu sammeln, die dir hier verschlossen sind? Und du bei der Gelegenheit vielleicht noch eine spannende Reise durch das Land der ungeahnten Möglichkeiten machst?

Wir brauchen beides: eine großartige Vision und unsere Erfahrung (das Wissen darüber, worin wir gut sind und was uns leichtfällt). Man könnte sagen: Bei der Problemwahl erst Augen zu (Vision) und dann Augen auf! Die folgende Übung hilft dir, passgenaue Herausforderungen auszuwählen.

Impuls

Puzzelst du gern? Nähst du Patchworkdecken aus unzähligen kleinen Stoffstückchen? Oder zerlegst du Autos in alle Einzelteile und bastelst sie wieder zusammen? Solche und viele andere Dinge machen Spaß, und unser Gehirn belohnt uns dafür mehrfach: Wenn wir ein Problem auswählen, wenn wir es angehen, bei jedem Fortschritt und schließlich, wenn wir es gelöst haben. Dann feiern wir – zumindest würde ich das raten –, und eine Weile sind wir sehr zufrieden mit uns. Aber dann werden wir unruhig und wollen die nächste Herausforderung. Das ist ganz natürlich. Du weißt ja – unser Gehirn braucht Probleme. Damit du welche findest, die gut zu dir passen, geh wie folgt vor.

1. Durchforste deinen Alltag: Welche sind deine schönsten Probleme? Wo macht dir das Tüfteln und Suchen, das

Erst-mal-nicht-Weiterwissen, das Forschen und Finden so richtig Freude? Stell eine Liste mit deinen Lieblingsproblemen zusammen.

2. Jetzt finde heraus, was deine Lieblingsprobleme miteinander verbindet. Haben sie etwas mit einem bestimmten Thema zu tun, mit dem Kochen vielleicht oder mit Autos, mit Elektronik oder dem Garten? Finden sich Gemeinsamkeiten bei den Menschen, mit denen du dann in Kontakt bist, wie Freunde, Familie, größere Gruppen? Oder bist du der Typ Tüftler, der lieber ein paar Stunden für sich hat? Sortiere deine Lieblingsprobleme unter Überschriften wie Technik, Kunst, Gemeinschaft, Wissen, Bewegung, Ruhe … Manche Themen werden sich unter mehreren Überschriften wiederfinden.

3. Diese Kategorien kannst du nach und nach ergänzen: Was würde dir aus dem jeweiligen Bereich auch Spaß machen? Was deckt möglicherweise mehrere Lieblingsproblemthemen ab?

Du stellst auf diese Weise sozusagen eine Art Speisekarte zusammen, aus der du nach Belieben leckere Sachen auswählen kannst, wenn du wieder mal ein gutes Problem brauchst.

Die beliebte zweite Schublade

Die häufigsten Probleme entstehen im Miteinander, sie stammen also aus der mittleren Schublade (siehe Seite 141). Oft suchen wir uns diese Hürden nicht selbst aus – die meisten Menschen würden behaupten, dass sie sich diese Schwierigkeiten mit anderen überhaupt nicht suchen, sondern dass sie ihnen geschehen. Doch tatsächlich wählen wir die meisten davon aktiv, denn es sind Folgeprobleme unserer Entscheidungen: indem wir eine Familie gründen, uns ehrenamtlich engagieren und in irgendeinem sozialen Kontext mit anderen Menschen zusammen sind – und dabei entstehen natürlich auch Differenzen. Diese Entscheidungen haben wir irgendwann einmal freiwillig getroffen. Und sie sind in gewissem Sinn ziemlich egoistisch, denn kaum etwas beflügelt uns so sehr, wie anderen etwas Gutes zu tun oder ihnen zu helfen. Das ist das Großartige an uns Menschen. Die Schublade zwei ist also nicht zufällig in der Mitte, also im Zentrum unserer Problem-Kommode. Denn das soziale Miteinander ist wunderbar und schwierig zugleich. Schwierig zum Beispiel dann, wenn uns jemand um Hilfe bittet, wir das aber grade nicht brauchen können. Dann reagieren wir vielleicht nach außen freundlich, aber innerlich sind wir sauer. »Sieht der denn nicht, dass ich selbst so viel zu tun habe?«, denken wir.

Wir tun das, weil wir ein Dilemma haben: Wir wollen der tolle, hilfsbereite Mensch sein, der Teamplayer und Held. Gleichzeitig haben wir auch unsere eigenen Sorgen und wünschen uns einen Menschen, der uns bei unseren Anliegen unterstützt. Wir wollen also einerseits sozial mitspielen, aber andererseits fühlen wir uns dann doch nicht gesehen oder gar ausgenutzt. Dieser Konflikt zeigt sich durch schwelenden Ärger.

Weiterentwicklung ist der Schlüssel für unsere Probleme. Geht es um Probleme aus der mittleren Schublade, kann dies die Weiterentwicklung unserer kommunikativen Fähigkeiten sein.

Hier hilft es zunächst, folgenden Zusammenhang zu begreifen: Wir stecken in diesem Dilemma, weil unser Gehirn eine bestimmte soziale Erwartungshaltung an uns und an andere hat. Dies in der Kommunikation zum Ausdruck zu bringen, ist der nächste Schritt. Die gewaltfreie Kommunikation (GfK) nach Marshall B. Rosenberg (siehe Leseempfehlungen Seite 190) bietet dafür einen guten Ansatz. Basis ist dabei die Erkenntnis und Vermittlung der eigenen Wahrnehmung und des eigenen Bedürfnisses, zum Beispiel so: »Ich verstehe, dass du bei den Formularen Unterstützung brauchst. Im Moment habe ich das Bedürfnis, meinen Rasen fertig zu mähen. Kannst du mich in einer Stunde noch mal darauf ansprechen?«

An dieser Stelle kann ich auch sehr empfehlen, sich ein Projekt zur eigenen Gesundheit zu suchen. Wie wäre es zum Beispiel, mit dem Rauchen aufzuhören? Viele arbeiten sich an diesem Problem ein Leben lang ab. Wie könnte es zu einem Problem werden, das wir motiviert und vielleicht sogar gern angehen? Ein erfolgversprechender Weg ist, das Projekt zu vergrößern und nicht mehr nur für sich zu verwirklichen, sondern es zum Beispiel dem Partner zum Geschenk zu machen, dass man nicht mehr raucht. Auf diese Weise verbinden wir den sozialen Aspekt mit einem persönlichen Gewinn für alle Beteiligten, also auch uns selbst – und die Chance auf Erfolg steigt enorm. Wir überwinden ein Problem aus der untersten mit einer Herausforderung aus der mittleren Schublade.

Vielleicht erweitern wir auch unseren Ansatz, indem wir ein Buch zum Thema lesen, das Ganze mit dem Arzt besprechen oder einen Hypnotherapeuten bemühen, der auf Raucher spezialisiert ist. Das verstärkt unser Gefühl, selbst und im Idealfall auch wirksam an die Sache heranzugehen. Die Tatsache, dass wir uns dieses Problem selbst ausgesucht haben, macht uns ganz bewusst zum Handelnden – und nicht mehr zum Objekt unserer Umstände und unseres Verlangens nach Zigaretten.

Reicht deine Motivation?

Oft ist es ja so: Man nimmt sich etwas vor, beginnt es … und dann verläuft es im Sande. Am Anfang ist die Motivation hoch und die Lernkurve sehr steil – ideal, um Selbstwirksamkeit (siehe Seite 9) zu erleben. Mit der Zeit wird die Lernkurve flacher und die Schwierigkeiten werden komplexer. Der Aufwand, den wir investieren müssten, um noch Fortschritte wahrzunehmen, wird größer. Unsere Erwartungshaltung weicht mehr und mehr von dem ab, was wir tatsächlich erleben, und es fühlt sich alles anstrengend an. Das nagt an unserer anfänglichen Begeisterung und dann reicht irgendwann in dieser Phase unsere Frustrationstoleranz nicht aus. Wir geben auf. Dabei haben wir es nur mit einem ganz normalen Verlauf zu tun, nämlich mit dem Schwingen zwischen Euphorie und Verstimmung (siehe Seite 122 bis 125).

Die Frage ist deshalb auch hier: Aha, ich möchte Gitarre lernen, Französisch lernen, Schach lernen – bin ich bereit, dabei auch frustriert zu sein? Es ist eine Frage des Ziels: Möchte ich zu Weihnachten für meine Familie ein Gitarrenstück spielen, möchte ich in ein paar Jahren nach Frankreich ziehen, möchte ich einen guten Freund im Schach die Stirn bieten können? Wenn du solche Fragen mit einem tiefen Ja beantworten kannst, dann trägt dich das Ziel hinter deinem Tun durch die Widerstände. Bist du bei deiner Motivation nicht klar und willst einfach nur mal was ausprobieren, läuft es in der Regel anders. Die ersten zwei oder drei Stunden wird es sich gut anfühlen. Dann aber lässt der Schwung nach, die Erfolgserlebnisse kommen nicht mehr so schnell, und du siehst mehr Probleme und hörst auf. Das ist völlig in Ordnung, solange du dich daran erinnerst, dass du es ja nur ausprobieren wolltest – und die Situation nicht dazu nutzt, um dir eine Geschichte von deinem Versagen daraus zu stricken. An diesem Punkt kannst du also bewusst und beherzt aufhören, oder aber du erweiterst dein Problem. Die damit gewonnene Klarheit hält dich bei der Stange.

Der Erfolg einer selbst gewählten Herausforderung hängt weniger vom Wie als vom Wofür ab.

Ich selbst habe dazu ein für mich eindrucksvolles Beispiel erlebt: Als Jugendlicher habe ich Taekwondo, eine koreanische Kampfkunst ähnlich dem Karate, ausprobiert. Nach einer Zeit der Fortschritte stand eine Prüfung an, und es gehörte dazu, mit der Faust ein Brett zu durchschlagen. Obwohl meine Technik gar nicht schlecht war, wollte mir das einfach nicht gelingen. Bei den wiederkehrenden Versuchen habe ich mir ziemlich schmerzende Fingerknöchel eingehandelt. Schließlich nahm mich ein erfahrener Taekwondo-Meister zur Seite und sagte: »Du denkst, das Ziel deiner Faust ist das Brett. Doch das Ziel deiner Faust liegt hinter dem Brett.« Wow, was für eine Ansage! Mir leuchteten seine Worte sofort ein, und beim nächsten Versuch durchschlug ich das Brett so leicht, dass ich dachte, es hätte jemand angesägt.

Wie mit der Faust ist es mit allen unseren Zielen – unsere Vision zieht uns zum Ziel (siehe auch Seite 121). Will ich Gitarrespielen einfach mal ausprobieren, nehme ich ein paar Stunden und habe mein Ziel damit erreicht. Ich sollte dann aber nicht die Erwartung haben, Gitarre spielen zu können. Dafür brauche ich eine klare Vorstellung: Ich sehe mich dieses Jahr zu Weihnachten im Kreise meiner Familie das wunderbare Gitarrenstück spielen, das meine Frau so gerne hört. Ja!

Keine Sorge um deine alten Probleme

Wenn du es schaffst, dir ein sinnvolles großes Problem zu angeln, brauchst du dir um dein altes keine Sorgen zu machen. Denn es wird sich dann sowieso völlig verändern. Als mein Kollege und ich mit unseren Kursen für Ärzte begonnen hatten, dachte ich in meiner Begeisterung, dass unsere Klienten und Klientinnen danach alle möglichen Veränderungen in Angriff nehmen würden. Ich erlebte in den Kursen bei ihnen so viel Wandel, so viel neue Bewusstheit, so viel erfrischende Klarheit, dass ich dachte, sie würden dann in ihrem Berufsalltag sofort alles anders machen. Das passierte aber nicht. Wie ich nach und nach erfuhr, veränderten fast neunzig Prozent der Teilnehmer auf der Sachebene nahezu nichts. Sie gingen einfach zurück in ihren Alltag. Was sich aber veränderte, war ihre Einstellung dazu, und zwar grundlegend: Ihr Alltag fühlte sich jetzt ganz anders an und das gab ihnen die vermisste Energie zurück, die sie beim Kreisen in geschlossenen Problemen verbrauchten. Sie mussten ihren inneren Widerstand gegen ein bestimmtes Problem nun nicht mehr aufrechterhalten. In der Folge ändert sich dann auch das eine oder andere im Außen. Ich verstand irgendwann, dass es ein wunderbares Ergebnis ist, wenn ein Teilnehmer nach einem solchen Kurs nach Hause kommt und jubelt: »Meine Praxis ist ja genauso, wie ich es möchte. Ich mache bereits genau das, was mich erfüllt.« Er geht quasi in eine neue Praxis, auch wenn er äußerlich gar nichts verändert hat. Wir hörten sehr oft das Feedback, dass die Seminarteilnehmer sich viel entspannter fühlten, Patienten und Mirarbeiter zufriedener waren, dass alles viel leichter und angenehmer lief – obwohl sie eben äußerlich nichts an ihrer Praxis verändert hatten. Sie litten nicht mehr an ihren Problemen, die ihr Beruf nun einmal mit sich brachte.

Eine gelassenere Haltung entsteht durch die Erkenntnis, dass es in vielen Fällen egal ist, wie wir uns entscheiden: Gehen wir nach links, erleben wir eben das, was es dort zu erleben gibt. Gehen wir nach rechts, erleben wir etwas anderes. Oft ist es eben besser, (irgend)eine Wahl zu treffen, als ewig nach der vermeintlich besten Lösung zu suchen (siehe auch Seite 80).

Bleib in der Gegenwart

Biologisch leben wir immer und ausschließlich im Hier und Jetzt. Alle Prozesse, auch unser Denken, finden gegenwärtig statt. Mithilfe unseres Denkens können wir uns jedoch einerseits an Dinge erinnern und gedanklich in die Vergangenheit reisen und uns andererseits auch eine Zukunft vorstellen. Nicht selten lassen wir zu, dass diese Gedanken unser Erleben des aktuellen Moments mehr beeinflussen als der Moment selbst. Der Kern von Achtsamkeit hingegen ist es, die Gegenwart wirklich zu erleben. Erst dann können wir die Vielzahl der Möglichkeiten, die im Hier und Jetzt liegen, erkennen und nutzen. Aber warum fällt uns das so schwer?

Aus der Vergangenheit auf die Zukunft zu schließen, ist eine bewährte Möglichkeit, Prognosen zu treffen und uns auf Zukünftiges und eventuelle Gefahren vorzubereiten. Unser Überlebenssystem möchte unbedingt Risiken minimieren und projiziert deshalb Erfahrungen aus der Vergangenheit in die Zukunft. Diese oft sinnvolle Strategie lässt uns jedoch viele Lösungsmöglichkeiten übersehen. Und mehr noch: Dies ist die Grundlage von selbst erfüllenden Prophezeiungen. Das heißt, wir marschieren aktiv auf das zu, was wir selbst aus der Vergangenheit in die Zukunft projiziert haben. Tatsächlich aber sind die Möglichkeiten im jetzigen Moment phänomenal, denn die Welt bietet in ihrer Komplexität eine unüberschaubare Vielfalt.

Prinzipiell ist unser Gehirn nur dann funktionstüchtig, wenn es eine starke Reduktion der komplexen Realität vornimmt. Wir sollten uns dieser Vereinfachung aber bewusst sein.

Es ist zuweilen sehr ungünstig, auf Basis unserer Erfahrung mit verwandten Situationen davon auszugehen, dass es wieder genauso verlaufen wird. Die Parameter sind schließlich immer anders: Wir sind älter geworden, haben an Erfahrung hinzugewonnen, vielleicht leben wir woanders, haben einen anderen Beruf, einen anderen Chef, sind selbst Chef geworden, haben einen anderen Partner oder überhaupt einen oder keinen mehr, haben mittlerweile Kinder, oder die Kinder sind inzwischen ausgezogen, die Sonne scheint, was sie damals nicht getan hat… Alles ist in Bewegung. Aber unser Überlebensorgan vereinfacht alles so gut wie möglich, um mit der Fülle umgehen zu können. Dieser an und für sich sinnvolle Mechanismus schränkt uns aber auch ein und führt sich selbst – vor allem in der sehr schnelllebigen heutigen Zeit, in der sich Veränderungen teilweise überschlagen – manchmal ad absurdum. Im Hier und Jetzt zu sein, also achtsam (im Englischen mindful) zu leben, kann uns hier helfen.

Mit MBSR im Hier und Jetzt

Eine gute Methode, sich den gegenwärtigen Moment zurückzuerobern, ist die mindfulness based stress reduction (MBSR). Kurse dazu werden von den gesetzlichen Krankenkassen gefördert. Diese Methode hilft, Stress zu reduzieren und zu größerer Zufriedenheit zu gelangen.

Auf diese Wiese können wir aus geschlossenen Problemen heraustreten, die uns sonst vielleicht – wie in dem bekannten Film »Und täglich grüßt das Murmeltier« – wie eine ständige Wiederholung desselben Dilemmas vorkommen. Denn nur das Bewusstsein über die Fülle unserer Möglichkeiten bewahrt uns davor, aus dem immergleichen Rucksack unserer immergleichen alten Erfahrungen Probleme herauszuziehen, sie vor uns in die Zukunft zu stellen und dadurch die Illusion zu schaffen, wir hätten keine Wahl. Wie du mittlerweile weißt, stimmt das aber nicht. Wir können unsere Probleme und unsere Haltung dazu aktiv wählen. Die Vergangenheit fesselt uns nicht, wenn wir es nicht zulassen.

Die digitale Einsamkeit

Jason fühlte sich in seinem Beruf nicht besonders ausgelastet und nachdem seine Freundin mit ihm Schluss gemacht hatte, war auch im Privatleben des Achtundzwanzigjährigen nicht allzu viel los. Also hatte er begonnen im Internet zu »gamen«. Abend für Abend saß er vor dem Computer und spielte ein Online-Spiel. Er tauchte regelrecht in diese Welt ab, in der er mit anderen Online-Spielern Abenteuer erlebte, die ihm das richtige Leben nicht bieten wollte. Wann immer er eine der zahllosen kniffligen Spielaufgaben gelöst und ein nächstes Level erreicht hatte, wurde Jasons Gehirn mit Belohnungsstoffen überflutet.

Allerdings, so ganz zufriedenstellend war seine Situation doch nicht. Er fand häufig nicht den Absprung, und da Mitspieler aus allen Zeitzonen der Erde beteiligt waren, verlor er immer wieder auch jedes Zeitgefühl und ging viel zu spät ins Bett. Oft wachte er mit brennenden Augen auf, kam morgens kaum aus den Federn und schleppte sich nur mühsam zur Arbeit. Früher hatte er regelmäßig Sport getrieben, doch jetzt nahm er sich keine Zeit mehr, weil er an den Rechner wollte. Außerdem aß er ungesund, hatte ein paar Kilo zugenommen und fühlte sich körperlich weit jenseits seiner Bestform. Dennoch spielte er in jeder freien Minute und am Wochenende manchmal sechsunddreißig Stunden am Stück.

Die Online-Welt war nahezu das Einzige, was in Jason überhaupt noch einen Drang auslöste, ein Wollen. Nichts anderes interessierte ihn mehr. Jason war süchtig.

Er hatte sich im Lauf der Zeit immer mehr von den wenigen Freunden zurückgezogen. Die Nachbarn in dem Haus, in dem er sein Apartment hatte, kannte er nicht einmal, und mit den Kollegen kam er über einen Smalltalk selten hinaus. Er hatte sich ziemlich vereinzelt. Und so gab es auch niemanden, mit dem er über sein immer trüber werdendes Lebensgefühl hätte sprechen können.

Sein Glück war, dass er sich eines Tages auf dem Weg zur Arbeit den Fuß verknackste. Er war spät dran, weil er mal wieder viel zu wenig geschlafen hatte und am Morgen nicht in die Gänge kam. Also rannte er die Stufen zur U-Bahn hinunter – rutschte ab und knickte im Sprunggelenk um. Das schwoll sofort dick über dem Schuh an und so humpelte Jason sicherheitshalber zur Notaufnahme. Im Wartezimmer dort kam er mit einem Mann ins Gespräch, der einen Jugendlichen begleitete und der ehrenamtlich an einem Jugendzentrum arbeitete, um jungen Menschen, wie er sagte, »ein bisschen Perspektive zu geben«. Spontan verabredeten sie, dass Jason in der kommenden Woche doch einmal im Jungendzentrum vorbeikommen könnte.

Jason konnte nicht genau sagen, warum er sich davon so angesprochen und berührt gefühlt hatte, mit diesem Mann zu reden. Vielleicht hatte dieser etwas von dem, was sich Jason als Kind von seinem Vater gewünscht hätte. Auf jeden Fall ging er tatsächlich zum vereinbarten Termin – auch wenn er sich auf dem Weg fragte, wozu eigentlich.

Doch schon nach einigen Minuten dort spürte er, wie gut es ihm tat, mit Menschen zusammen zu sein, zu reden, Tischtennis zu spielen und sich einfach angenommen zu fühlen. Jason staunte über sich selbst, als er zwei Teenagern davon erzählte, wie leicht man in eine Sucht rutschen könne und wie sinnlos und getrieben sich dann alles anfühle. Er spürte, dass er diesen jungen Menschen aus seiner eigenen Erfahrung heraus etwas geben konnte.

Für Jason wurde diese Begegnung zu einem Wendepunkt. Er engagierte sich mehr und mehr, machte sogar einen Abendkurs zum Thema Konfliktberatung. Er hatte ein Problem gefunden, das ihn wirklich erfüllte. Und sein Gehirn hatte damit mindestens so viel zu tun wie bei den Computerspielen. Vor allem aber gab es echte Menschen und echtes Feedback.

Wenn Menschen klüger wählen

»Wenn ich mein Leben noch einmal leben könnte,
würde ich die gleichen Fehler wieder machen. Aber ein bisschen früher,
damit ich mehr davon habe.«

MARLENE DIETRICH

Wenn wir unsere Probleme selbst wählen, geht es nicht nur um das Was und das Wofür, sondern auch um das Wieviel. Es ist entscheidend, eine angemessene Dosierung zu finden. Und es lohnt sich dabei vor allem zu Anfang, ein paar Fehler zu machen, denn nur durch sie lernen wir unsere individuellen Grenzen kennen. In der professionellen Beratung sagt man: »fail often and early« – »scheitere oft und früh«. Ziel ist es, Erfahrung dann zu sammeln, wenn der damit einhergehende Schaden noch nicht allzu groß ist, und später dann klüger wählen zu können.

Die Dosis, die ja bekanntlich das Gift macht, sollte so sein, dass wir gefordert sind, es aber letztlich auch schaffen können. Wenn die Aufgabe darin besteht, ein Blatt Papier in der Mitte zu knicken, wird uns das so leicht gelingen, dass es nichts in uns bewirkt. Wenn wir hingegen auf Anhieb ein Origami-Einhorn falten wollen, dürfte das die meisten von uns überfordern und frustrieren. Falten wir aber eine leichtere Figur, zum Beispiel einen Kranich, ist das nicht ganz einfach, aber zu packen. Die Dosierung ist wichtig – und die können wir selbst wählen und dabei unsere Erfahrungen machen. Oder wir ziehen einen Experten hinzu, zum Beispiel indem wir einen Origami-Kurs belegen.

Nicht nur gute Lehrer, sondern auch gute Chefs sind genau darin gut: Sie dosieren die Probleme für ihre Mitarbeiter so, dass diese über sich hinauswachsen, die Arbeit gern tun und mit etwas Anstrengung auch schaffen. Natürlich wachsen mit dem steigenden Kompetenzgrad die Probleme dabei auch. Eine entsprechend umsichtige Führung können wir uns als wirksame Selbstführung auch aneignen.

Passend zum Rest des Lebens

Sich aktiv ein herausforderndes Problem zu suchen, kann ich demnach nur empfehlen. Doch es gibt Menschen, die steigern so lange die Dosis, bis es ihnen nicht mehr gut tut: Aus dem wöchentlichen Ausdauerlauf wird erst ein Halbmarathon, dann ein Marathon und schließlich brauchen sie mehrmals im Jahr ein solches Highlight, bei dem natürlich auch die Zeit vorzeigbar sein muss. Oder sie treten einem Tennisclub bei, doch nach einiger Zeit reicht es ihnen nicht mehr, dort ein paar nette Stunden in Bewegung zu verbringen – sie müssen die Club Top Ten hinauf und zu den Besten gehören.

Das ist alter Wein in neuen Schläuchen: Sie haben sich zwar ein neues Problem gesucht, aber sie schmuggeln ihr altes mit ein. In diesem Fall ihr unerbittliches Leistungsdenken, das sie vielleicht schon im Beruf so gestresst hat, dass sie sich als Ausgleich den Sport gewählt hatten. Der Weg dieser Spirale endet so manches Mal erst mit einem Thema aus der untersten Schublade: Unfall oder Krankheit.

Als Arzt empfehle ich natürlich als wichtige Säule unserer Gesundheit regelmäßig Bewegung – gerade als Ausgleich zu unserer viel zu oft sitzenden beruflichen Tätigkeit. Aber ich habe inzwischen gelernt, bei bestimmten Typen, zum Beispiel den klassischen Managern, vorsichtig mit diesem Rat zu sein. Ihnen sage ich lieber, dass sie sich ein ganz kleines Problem wählen sollten. Für sie besteht meistens die Herausforderung darin, etwas zu tun, das sich nicht sofort auf einer Leistungsskala abbilden lässt. Zum Beispiel jeden Morgen einen Spaziergang machen. Oder fünf Minuten zu meditieren. Das ist für sie die größte Herausforderung.

Für Menschen, die in der Welt große Probleme wälzen und eine Spitzenposition verteidigen, ist es also das Beste, sich im persönlichen Bereich auf kleine, regelmäßig angelegte Probleme zu besinnen. Für andere hingegen, die vor allem mit alltäglichen Aufgaben zu tun haben, lohnt es sich, eine große und langfristig angelegte Herausforderung zu suchen und an ihr zu wachsen.

Insgesamt hat es sich bewährt, andersartige, ja gegenteilige Probleme zu denen zu wählen, die man sowieso immer auf dem Tisch hat.

Jemand bei einer Telefon-Hotline hat mit sehr kleinteiligen Problemen zu tun. Alle fünf Minuten spricht ihn ein anderer Kunde genervt an. Diese Person sollte sich privat eher etwas wählen, das ihr eine langfristige Perspektive eröffnet – ein Buch schreiben oder ein aufwendiges Flugzeugmodell bauen. Ein Ingenieur wiederum, der gerade an einem Projekt arbeitet, das fünf Jahre dauern wird, könnte mit wöchentlichem Bogenschießen besser fahren: Konzentrieren, spannen, zielen, loslassen, fertig.

Als ganzer Mensch dabei

Benutze bei den selbst gewählten Problemen möglichst auch deinen Körper, deine Sinne, deine Stimme. Sie werden heutzutage so oft vernachlässigt. Singen beispielsweise ist eine hochkomplexe Aufgabe, die wir intuitiv hinbekommen, da wir mit unserem Gehör ein automatisches Feedback erhalten und merken, wie gut es uns gelingt, oder eben nicht. Auf jeden Fall können wir korrigieren und es nach Herzenslust unter der Dusche ausprobieren. Auch Tanzen ist hervorragend: Wir verbinden uns mit der Musik und vielleicht auch mit einem Partner. Im Idealfall entsteht Nähe, und es wird das Wohlfühlhormon Oxytocin ausgeschüttet.

Schau, was dir und anderen Spaß macht: Ich habe kürzlich mit meinem fünfjährigen Sohn ein 3-D-Puzzle mit fünfhundert Teilen begonnen. Eine Herausforderung für uns beide. Und da wir es zusammen machen und uns dabei austauschen, ist beim Puzzeln auch die soziale Komponente dabei. Für die meisten Beziehungen kann es sehr hilfreich sein, gemeinsam auf ein Projekt zu schauen und sich gegenseitig bei der Bearbeitung zu unterstützen.

Impuls

Um ein Problem, eine Aufgabe, eine Herausforderung zu finden, die sich stark von dem unterscheidet, was du üblicherweise tust, kannst du folgendermaßen vorgehen:

- Zeichne auf kariertem Papier ein Achsendiagramm: Die senkrechte Linie steht für den Schwierigkeitsgrad, die waagrechte für die Zeitdauer.
- Trag auf der so entstandenen Fläche einen roten Punkt für das Problem ein, mit dem du dich beruflich beschäftigst und zu dem du ein Ausgleichsproblem suchst.
- Markiere mit einem grünen Punkt, welche Qualitäten ein Problem – in Bezug auf Komplexität und Zeitaufwand – haben sollte, damit du wieder in Balance kommst. Der Punkt sollte dem roten idealerweise schräg gegenüber liegen.
- Für eine passende inhaltliche Auswahl kannst du den Impuls auf Seite 148/149 anwenden.

Luxus und Lebensgefahr

Noch einmal im Überblick: Als junge Erwachsene haben wir die wesentlichen Probleme gelöst. Wir können sprechen, laufen, ein Busticket kaufen und Fahrrad oder Auto fahren; wir wissen ungefähr, wie Beziehungen funktionieren, haben eine Ausbildung und bestenfalls einen Job und vielleicht schon Kinder. Aufgrund dieser Erfahrungen gestalten wir unser weiteres Leben.

Betrachten wir die ganze Menschheit, ist es genauso: Über die Jahrmillionen der Evolution haben wir gigantische Lösungsmechanismen entwickelt – als Individuum kommen wir heute auf die Welt und alle wesentlichen Probleme sind schon gelöst. Die Menschen wissen, wie das mit Essen, Kleidung, Vergnügungen, Fortpflanzung und so weiter funktioniert. Die unglaublichen Rechenkapazitäten in unseren Köpfen nutzen wir immer weiter dafür, dass es uns allen immer besser geht. Fließend Wasser in den Wohnungen haben wir nur deswegen, weil sich schon vor uns Menschen überlegt haben, was besser wäre, als immer wieder zum Brunnen oder zum Fluss zu laufen.

Von Generation zu Generation sind unsere existenziellen Probleme weniger geworden, und der Luxus hat sich vermehrt.

Der Alltag unserer Vorfahren vor 100 000 Jahren war von morgens bis abends voller wirklich entscheidender Probleme. Und genau die gleichen Probleme konnten, ja mussten sie Tag für Tag bis an ihr Lebensende lösen: »Wie entkomme ich dem Löwen, was esse ich, wie komme ich an Wasser?« Und so weiter. Probleme dieser Art sind für uns heute weitgehend gelöst. Unsere Vorfahren haben Dinge erfunden und entwickelt, die uns satt und sicher machen. Die Probleme, mit denen wir uns herumschlagen, sind zwar meistens nicht so existenziell, dafür aber oftmals um ein Vielfaches komplexer.

Alle Hochkulturen – etwa das Babylonische oder das Mykenische Reich – hatten irgendwann ein solches Niveau erreicht, mit einer komplexen Gesellschaftsstruktur, Arbeitsteilung, technischen Errungenschaften. Auch dort war schon – zumindest für einen Teil der Bevölkerung – das Übliche an Problemen weggefallen. Die Menschen kamen deshalb auf die Idee, Paläste zu bauen, prachtvolle Grabmäler zu errichten oder mit Herrschern aus Nachbarreichen in irgendwelche skurrilen Wettbewerbe einzutreten, inklusive Krieg. Diese Hochkulturen sind alle wieder niedergegangen, aber weil sie jeweils nur regional auftraten, ist die Menschheit als Ganzes trotzdem noch da.

Es geht ums Ganze

Heute ist es anders. Wir sind heute global verbunden. Wenn wir ein Problem erschaffen, einfach weil wir es können, dann steht schnell das Ganze auf dem Spiel – denk etwa an die Wasserstoffbombe. Wir sind in der luxuriösen Situation, viele Probleme gelöst zu haben, und gleichzeitig laufen wir Gefahr, der gesamten Menschheit zu schaden. Unsere Aufgabe ist es deshalb heute umso mehr, unsere Lösungskompetenzen zu bündeln und für die tatsächlich wichtigen Probleme einzusetzen.

Auf eine Einzelperson übertragen könnte es so aussehen, wie es uns Bill Gates vorgemacht hat. Er hat sein Leben einer Sache gewidmet und sicher nicht immer fair gespielt, aber im Alter kam die Wende: »Mit all dem, was ich erreicht habe, kümmere ich mich jetzt um Umweltschutz, um Mikroplastik, um eine sinnvolle Ausbildung der Kinder dieser Welt«, hat er sich sinngemäß gesagt. Auf diese Weise versorgt er sich mit neuen Problemen und lebt gleichzeitig eine Vision, die dem ganzen Planeten und dem gesamten Kollektiv zugutekommen kann.

Ähnlich setzen mein Kollege und ich uns in unseren Seminaren dafür ein, dass die Medizin eine andere wird: eine, in der Fachleute nicht mehr nur die Probleme anderer Menschen beseitigen, sondern diese anregen und unterstützen, ihre Probleme selbst zu lösen. Nicht nur akute Hilfe, sondern auch Hilfe zur Selbsthilfe.

Weniger vererben – mehr bewirken

Es geht bei der Auswahl der Probleme auch darum, wie diese unser Umfeld, etwa unsere Kinder beeinflussen. Bill und Melinda Gates sind für mich ein Beispiel für ein Paar, das sich dieser Verantwortung bewusst ist. Von ihren vielen Milliarden haben sie den größten Teil in ihre Stiftung gegeben. Melinda Gates berichtet (sinngemäß) in ihrem Buch »Wir sind viele, wir sind eins« von ihren Plänen: Unsere Kinder erben so viel, dass sie auf allerbeste Weise versorgt sind, dass sie aber die Möglichkeit haben, an eigenen Problemen zu wachsen. Bill und Melinda wissen wahrscheinlich ganz genau, dass sich ihre drei Kinder unangenehme Probleme schaffen würden, wenn das Thema Geld für sie überhaupt kein Thema wäre, wenn sie einfach so mit Milliarden überschwemmt würden. Denn was passiert in luxuriösen Einkommensbereichen so häufig? Die Menschen kaufen sich den dritten Porsche und sind kreuzunglücklich, setzen Profit und Ansehen so weit oben an, dass die Partnerschaft und Freundschaften zerbrechen. Wenn sie sich keine sinnvollen Probleme auswählen, schaffen sie sich unbewusst solche, die kein Mensch braucht.

Lust auf Probleme

Wenn du das Empfinden hast, dich in einem Hamsterrad zu bewegen, dann steckst du mitten in Folgeproblemen von Dingen, die früher eine Lösung für dich waren. Du hast einen Job gesucht – jetzt hast du ihn, und er hält dich ordentlich auf Trab. Du hast dir ein kompliziertes neues Gerät gekauft – jetzt hast du es und verbringst Stunden damit, seine Funktionsweise zu verstehen und auftretende Fehler zu beheben … und darüber beklagst du dich jetzt.

Ich möchte – trotzdem! – die Lust in dir erhalten, dich weiter in Probleme zu stürzen, die dir am Herzen liegen. Denn egal, was du tust, ob du eine Ausbildung machst, dir dein Traumauto kaufst oder den Partner deines Lebens triffst – alles wird unweigerlich Folgeprobleme haben. Auch wenn sich Wünsche erfüllen, hat das Folgeprobleme. Mit der Ausbildung musst du dann irgendetwas anstellen, mit dem Partner deines Lebens wirst du dich auch mal streiten, und dein Auto wird an Wert verlieren, kaputt gehen und dich so oder so weiter Geld und/oder Nerven kosten. So ist das Leben, und es gibt letztlich nur einen Weg: Akzeptiere diesen großen Zusammenhang.

Das »Worldbook of Happiness« empfiehlt übrigens, sich bei seinen Wünschen und Zielen weniger auf materielle Dinge zu konzentrieren, sondern auf Erfahrungen, die man machen, und zwischenmenschliche Erlebnisse, die man spüren möchte. Diese verlieren anders als materielle Dinge nicht an Wert und werden, anders als das teure Auto in der Garage, mit der Zeit noch wertvoller.

Impuls

Probleme selbst zu wählen, kann auch heißen, sich bestimmte Probleme einfach vom Hals zu schaffen.

Welche Probleme in deinem Leben kannst du abwählen? Mit welchen Problemen folgst du irgendwelchen unsinnigen Ideen, verwendest viel Mühe für nichts als eine gut polierte Fassade oder rennst Zielen hinterher, die sich längst überlebt haben?

Viel Spaß beim Aufräumen!

Problembeladen glücklich 4:

Nutz deine Probleme, um deine Ziele zu erkennen

Ohne ein Ziel hätten wir kein Problem. Nur wenn wir mit Engagement in eine bestimmte Richtung unterwegs sind, entstehen überhaupt Probleme. Deshalb können sie uns auch viel über unsere Ziele und sogar unsere Werte sagen.

Das Geheimnis der Bugwelle

»Ein Mensch ohne Träume ist wie ein Boot ohne Segel.«
ANONYMUS

Probleme sind die gegenwärtige Verbindung zu unseren bestehenden Werten und zukünftigen Zielen im Leben. Wenn du Probleme hast, dann ist es ist dir nicht egal, wie die Dinge laufen. Dann bist du lebendig, dann bist du unterwegs in deinem Leben, dann hast du Träume und Überzeugungen. Du bist in Bewegung, weil du etwas erreichen willst.

Im Lauf der Lektüre ist dir sicherlich mehr und mehr aufgefallen, dass wir hier in diesem Buch Probleme nicht im üblichen Sinn als »problematisch« betrachten, sondern vielmehr als Auszeichnung und lustvolle Herausforderungen für unsere Kompetenz. Jetzt kommt ein weiterer Aspekt hinzu: Probleme zeigen uns den Schwung unseres Leben an. Sie sind ein Zeichen der Energie, die wir zum Vorwärtsgehen einsetzen.

Ich vergleiche Probleme daher gern mit der Bugwelle bei einem Schiff. Je größer sie ist, umso schneller und dynamischer sind wir unterwegs. Auf dem Weg zu unserem Ziel pflügen wir durch das Wasser. Stell dir auf der anderen Seite einmal vor, es würde Stillstand herrschen. Dein Schiff würde auf offener See vor sich hin treiben, Winde und Wellen würden es hierhin und dorthin schaukeln. Das ist vielleicht mal ganz schön, aber auf Dauer ziellos und langweilig. Wir hätten keine Chance, unsere Selbstwirksamkeit zu spüren, Stürme und Strömungen sowie der ganze andere Schiffs- und Bootsverkehr würden letztlich unseren Kurs bestimmen. So gesehen liebe ich meine eigene Bugwelle, denn sie zeigt mir, dass ich mich aus eigener Kraft bewege.

Die Spuren deiner Agilität

Wenn du dich auf deinem Schiff mal ganz nach hinten begibst und zurückschaust, dann erkennst du eine lange Spur im Wasser. Sie zeigt den Weg, den du gekommen bist. Und sie verläuft ganz bestimmt nicht schnurgerade. Immer wieder hast du in deinem bisherigen Leben den Kurs angepasst. Manchmal ganz bewusst, weil du eine Entscheidung für eine neue Richtung getroffen hast. Und manchmal vielleicht, weil dich ein Sturm vom Kurs, auf dem du eigentlich weiterfahren wolltest, abgetrieben hat oder weil du eine Untiefe umschiffen musstest.

In diesem Sinn fragt dich jedes Problem: »Willst du deinen Kurs beibehalten?« Wenn man das Problem dann überwunden hat, sieht man das auch an der Spur hinter sich. Zu manchen Zeiten wirkt sie vielleicht wie ein Schlingerkurs. Doch dies bedeutet nur, dass du jedes Mal wieder auf deinen persönlichen Weg zurückgekommen bist.

Unser Lebenskurs verläuft nicht geradlinig. Das ist Ausdruck dafür, dass wir unser Ziel im Auge und das Steuerruder in der Hand behalten – auch bei schwerer See oder starkem Gegenwind.

Im Business-Kontext begrüßt man genau diese Fähigkeit und sieht sie als Lösungsstrategie für die Komplexität des heutigen Geschäftslebens. Man spricht von Agilität: Es funktioniert heute nicht mehr, auf Biegen und Brechen von A nach B kommen zu wollen und den Kurs aus der Vorstandsetage am besten für ein Jahr im Voraus festzulegen. Stattdessen kann eine Struktur, die auf allen Ebenen nachfragt und flexibel auf die sich permanent verändernden Bedingungen eingeht, weiterführen. Sobald man einmal in See gestochen ist, hat man seine Position A ja verlassen und befindet sich bei A'. Hier gilt es erneut den Sextanten zu benutzen und zu überlegen, ob der eingeschlagene Kurs Richtung B noch passt. Dieselbe Prozedur erfolgt bei A" und bei A"'. Gleichzeitig behält man B weiter im Auge, und das, was gerade passiert, geht in die Kursberechnung ein. Ein solches Segeln auf Sicht sieht von außen möglicherweise aus wie ein Schlingerkurs, aber der ermöglicht Stück für Stück eine sichere Zielannäherung. Jedes Problem hilft dir deinen Kurs zu reflektieren und bei Bedarf anzupassen. Und so wird jedes einzelne Problem zu einem wertvollen Instrument für deine Reise.

Probleme können dir also viel bewusst machen, sie zeigen dir, dass du unterwegs bist, wo du gerade stehst und wohin du möchtest. Genau hier wollen wir in diesem Kapitel ansetzen. Denn es stellt sich eventuell die Frage, ob die Richtung, in die du unterwegs bist, tatsächlich die ist, die dich zu dem Ziel führt, das du in deinem Leben hast.

Das Beispiel Beziehungen

Wenn du aktuell – oder vielleicht schon lange – an deiner Beziehung verzweifelst, dann sagt das Folgendes über dich aus: Du bist offenbar jemand, dem diese Beziehung viel bedeutet. Du bist jemand, der in einer Beziehung leben möchte, jemand, für den Gemeinschaftlichkeit, Treue, Verbindlichkeit und Geborgenheit bedeutende Werte sind.

Die Sehnsucht ist ein paar Probleme wert

Du hast also das Ziel, diese Werte zu leben, und du verfolgst es auf eine Weise, die bislang oder zumindest aktuell nicht so fruchtbar ist. Denn du leidest an deiner Beziehung. Deine Ziele aber sind sehr wertvoll und wichtig. Gerade in der heutigen Zeit der zunehmenden Vereinzelung und einer gewissen Kühle in vielen gesellschaftlichen Bereichen sind diese Werte wesentlich. Darüber hinaus ist die früher selbstverständliche Erwartung, mit einem Partner ein Leben lang zusammenzubleiben, heute von verschiedenen Seiten aufgeweicht worden. Dennoch teilen die meisten Menschen diese Sehnsucht. Und tun auch so einiges dafür, dass sie sich erfüllt. Und gerade dabei ergeben sich in ihren Beziehungen Probleme. Die Bugwelle kann ganz schön groß werden, denn hier kommen allerlei Zutaten zusammen: ein starkes Ziel mit entsprechenden Erwartungshaltungen, ein großer Antrieb (der tiefe Wunsch nach Partnerschaft und Geborgenheit) und das Hier und Jetzt. Und Letzteres hat es in sich, denn die eigene Meinung über den aktuellen Zustand der Partnerschaft und über den Partner treffen auf dessen Meinung und Vorstellungen.

Beziehungsprobleme sind – trotz oft rauer See – wertvoll. Denn sie zeigen dir und deinem Partner, dass ihr für etwas kämpft, dass ihr ein Ideal davon habt, wie ihr leben möchtet. Deswegen ist es auch deutlich besser, Konflikte in der Beziehung auszutragen, als unverbindlich nebeneinanderher zu leben, um Reibungspunkten aus dem Weg zu gehen oder sich bei den ersten Schwierigkeiten zu trennen. In beiden Fällen besteht der Preis der Konfliktvermeidung darin, keine wirkliche Nähe aufzubauen. Gerade im Beziehungsleben ist es also nötig, sich den Herausforderungen zu stellen.

Nicht gleich hinschmeißen

Lebewesen steuern von Dingen weg, die sie nicht wollen, und auf Dinge zu, die sie wollen. Evolutionär betrachtet, entstand dies als Reaktion auf äußere Bedingungen. Wenn der Einzeller in ein ungünstiges Milieu gerät, rudert er so lange herum, bis er eine Gegend erreicht, die für ihn günstiger ist. Oder umgekehrt, wenn er die Spur zu einer nährstoffreichen Gegend aufgenommen hat, dann rudert er entsprechend dort hin.

Anders als der Einzeller haben wir Menschen aber eine ziemlich große Schaltzentrale zwischen dieses Reiz-Reaktions-Muster gebracht: unser Gehirn mit seiner Großhirnrinde. Natürlich reagieren auch wir oftmals quasi automatisch. Durch unser Gehirn haben wir aber die Möglichkeit, uns bewusst für die eine oder andere Sache zu entscheiden und unser Verhalten aktiv zu steuern. Außerdem sind wir dadurch in der Lage, unangenehme Situationen einfach auch mal hinzunehmen. Wir müssen nicht sofort wild herumrudern, um von einer Sache wegzukommen. Wenn wir nicht auch mal etwas aushalten könnten, würde kein Mensch die Schule, eine Lehre oder das Studium durchstehen. Ein solches Durchhaltevermögen aufzubauen schafft uns eine sehr wertvolle Problemkompetenz. Und die können wir eben auch dann in die Waagschale werfen, wenn unsere Beziehung zu kippen droht.

Probleme als Wegweiser

Das Erste, was dir dein Beziehungsproblem also spiegelt, ist dein wertvolles Ziel. Da du der Kapitän deines Lebensschiffes bist, bestimmst du den Kurs. Alle Probleme, die auf deiner Fahrt auftauchen, helfen dir zu erkennen, wohin du unterwegs bist und ob es eine günstige Route ist. Vor allem die hartnäckig immer wiederkehrenden Probleme sollten dich anregen, über deinen Kurs nachzudenken und ihn eventuell neu zu justieren.

In den vorherigen Kapiteln hast du Impulse erhalten, wie du mit solch beharrlichen Schwierigkeiten konstruktiv umgehen und Probleme zur Bearbeitung für dich öffnen kannst (siehe zum Beispiel Seite 105 bis 107).

Vorsicht! Ziele können auch täuschen

Mein Kollege und ich hören auf die Frage, mit welchem Ziel Teilnehmer und Teilnehmerinnen unser Seminar besuchen, oft so etwas wie: »Ich möchte gern zwanzig Stunden pro Woche weniger arbeiten.« Wir entgegnen dann: »Oh, da haben wir die perfekte Lösung: Häng ein Schild an deine Praxis (Kanzlei, deinen Betrieb), dass am Montag und am Freitag geschlossen ist, und schon hast du dein Ziel erreicht.« Das ist natürlich frech, aber es geht uns um das, was dann passiert.

»Ja, aber…«, kommt dann nämlich von den betreffenden Teilnehmern, »… wer soll sich dann um die Patienten (Klienten oder Kunden) kümmern? Was wird man über mich sagen, wenn montags und freitags geschlossen ist? Und kann ich mir meinen Lebensstil dann überhaupt noch leisten?«

Im sich daraus entspinnenden Gespräch nähern wir uns über solche Bedenken dem unbewussten Ziel an, das hinter der langen Arbeitszeit steckt. Das Wichtige an diesem Schritt ist zu verstehen, dass wir die vielen Arbeitsstunden nicht aufgezwungen bekommen, sondern uns selbst dafür entschieden haben. Erst wenn wir unseren Antrieb dahinter – etwa »Ich möchte ein guter Arzt/eine gute Anwältin sein« – erkennen, können wir einen noch stärkeren Antrieb entwickeln, um unsere Kursänderung zu erreichen. In einem ersten Schritt können wir dann hinterfragen, ob es auch gute Ärzte/Anwältinnen gibt, die weniger arbeiten und, wenn ja, was die Wertung »gut« überhaupt bedeutet. In einem zweiten Schritt lässt sich dann die Ausgangsfrage wandeln, sie lautet nicht mehr: »Wie kann ich zwanzig Stunden pro Woche weniger arbeiten?«, sondern: »Wofür genau möchte ich zwanzig Stunden pro Woche mehr haben?« Idealerweise findet man eine Antwort, die zum eigenen beruflichen Selbstverständnis, also der neuen Definition von »gut«, passt.

Impuls

Nimm ein Problem (zum Beispiel ein übervoller Terminkalender), das dich seit einiger Zeit beschäftigt, mit folgenden Fragen unter die Lupe:

- Welche meiner Visionen und Werte könnten die Ursache sein (anderen Menschen helfen, für mehr Gerechtigkeit in der Welt sorgen, ein guter Chef/eine gute Chefin sein, es sich oder jemandem beweisen wollen…)?

- Welche anderen Werte stecken hinter dem Mangel, den du beklagst (was fehlt dir genau, wofür steht für dich Freizeit – Familie, Freunde treffen, Hobbys, Erholung…)?

Antworten auf diese »Fragen hinter den Fragen« sind eine große Hilfe, um deinen Veränderungsprozess einzuleiten.

Je detaillierter die eigenen Ziele, Wünsche und Träume formuliert sind, umso besser lassen sie sich untersuchen: »Ich möchte mich vitaler fühlen und habe den Eindruck, dass mir die sechzig Stunden Arbeit pro Woche nicht guttun.« So könnte beispielsweise eine erste Präzisierung des Wunsches »zwanzig Stunden weniger arbeiten« lauten. Auf dieser Basis sehen wir weiter und fragen zum Beispiel: »War das schon immer so? Wann hat es sich geändert?« Manchmal ist es auch wichtig, die gefühlte Gesetzmäßigkeit, die wir bei einem geschlossenen Problem (siehe Seite 35 bis 36) entwickeln, zu hinterfragen. Zum Beispiel mit: »Kennst du Menschen oder Kollegen, die so viel arbeiten und sich dennoch vital zu fühlen scheinen?« Auf diese Weise öffnen wir das Problem, greifen so in das Konstrukt von Begründungen und Erklärungen ein, die das Problem »zu viel Arbeit« bisher geschlossen hielten.

In unseren Gesprächen mit Klientinnen und Klienten geht es oft darum, einen ganzen Urwald an verschlungenen und verstrickten, sich gegenseitig stützenden Hypothesen zu durchdringen. Gelingt dies, wird meist klar, dass der bisher eingeschlagene Kurs nicht der einzig mögliche ist. Gewissermaßen schaukeln wir mit unseren Fragen das Schiff eines Teilnehmers so lange hin und her, bis dieser auf den Kompass schauen und den Kurs noch einmal neu berechnen muss. Wir bieten niemandem fertige Antworten auf Fragen oder bestimmte Lösungen für ein Problem. Vielmehr stellen unsere Gegenfragen eine »Hilfe zur Selbsthilfe«

dar. Wir sind sozusagen die »Hebammen« (siehe auch Seite 63), die durch Gespräche beim Öffnen eines Problems assistieren.

Das Ergebnis eines solchen Gesprächs ist oftmals verblüffend und befreiend. Das heißt nicht einmal unbedingt, dass völlig neue Lebensentwürfe entstehen müssen. Die Rückmeldung des Teilnehmers, der ursprünglich zwanzig Stunden weniger arbeiten wollte, fiel folgendermaßen aus: »Es hat sich einiges verändert. Ich arbeite tatsächlich etwas weniger und nutze die Zeit für meine Familie. Meine Vorstellung von den ›zwanzig Stunden weniger‹ ist verschwunden, denn ich bin jetzt flexibler darin, meine Arbeit zu gestalten. Ich tue genau das, was ich tun möchte, und fühle mich so viel vitaler.«

Die Art, wie sich Probleme in unserem Kopf wieder öffnen, kann höchst vielfältig sein. Hier noch einmal die wichtigsten Fragen, die dich erkennen lassen, in welchem größeren Zusammenhang deine aktuellen Probleme stehen und was dir tatsächlich fehlt. Damit öffnest du dich auch für verschiedene mögliche Lösungen und die für dich passende findet sich fast automatisch.

- **Woher** kommt das Problem und weshalb bin ich ihm bisher treu geblieben? (Frage nach Werten)
- **Wozu** habe ich dieses Problem oder welches Bedürfnis zeigt es mir an? (Frage nach dem verborgenen Ziel)
- **Wohin** sollte mich die potenzielle Lösung führen, damit sie mein Bedürfnis erfüllt? (Frage nach dem neuen Kurs)

Den Kurs setzen

»Wenn das die Lösung ist, will ich mein Problem zurück.«
POSTKARTENSPRUCH

Gehen wir noch einmal zurück zum Thema Beziehung und schauen wir uns einen Klassiker in diesem Bereich an: Ein Paar lebt schon einige Jahre zusammen, und die Frau wird immer unzufriedener, weil die Beziehung nicht so ist, wie sie es gern hätte. Das ist ihr Problem. Sie kann daraus schlussfolgern, dass sie eine bestimmte Vorstellung davon hat, wie eine Beziehung sein sollte, und dass die Realität dieser Vorstellung nicht entspricht. Es könnte also ihr Ziel sein, in einer »harmonischen Beziehung« zu leben. Das wäre die oberflächliche Ebene. Naheliegend. Aber auch tückisch. Denn was genau ist eine harmonische Beziehung? Eine ohne Probleme und Konflikte? Dass Probleme zum Leben – gerade auch zum Leben zu zweit – gehören, hast du im Lauf der Lektüre immer wieder gesehen.

Eine wichtige Frage in diesem Zusammenhang ist, ob die betreffende Frau einen versteckten Gewinn in ihrer Unzufriedenheit, in der sie ja verharrt, erlebt. Geschlossene Probleme entstehen niemals völlig zufällig oder sinnlos. Sie haben immer auch einen Nutzen, auch wenn wir uns dessen meist nicht bewusst sind. Für die Frau könnte es sich zum Beispiel bewährt haben, den Partner mithilfe der eigenen Unzufriedenheit zu beeinflussen. So etwas kann sich einschleichen und ganz unbewusst zu einer Strategie werden. Sie meint dann weiterhin, ihr Ziel sei die harmonische Beziehung, stattdessen wird es mehr und mehr die Kontrolle über den Partner. Ein Teufelskreis, denn Mittel dazu und Preis dafür zugleich ist ihre Unzufriedenheit. Egal was ihr Partner tut, sie kritisiert ihn und möchte es anders. Um aus dem geschlossenen Problem auszubrechen, ist ein solcher Blick hinter die Mechanismen sehr hilfreich. Der Frau könnte klar werden, dass ihrem eigentlichen Ziel, nämlich der Harmonie, ein vermeintlich notwendiges anderes Ziel dazwischenfunkt: die Kontrolle über ihren Partner. Dies wiederum könnte zu der Frage führen, ob dieser Weg an das Wunschziel führt, ob es sie dahin bringt, wo sie sein möchte. Die Unzufriedenheit, die sie beklagt, ist schließlich genau das, was sie eigentlich nicht will.

Wieder manövrierfähig werden

Wie könnte die Frau ihr Lebensschiff wieder so steuern, dass die Beziehung angenehm und der Umgang konstruktiv wird? Sie könnte sich eine Art Seekarte zeichnen, die ihr alle möglichen Wege zum Ziel einer harmonischen Partnerschaft aufzeigen. Sie hat natürlich schon bemerkt, dass der Versuch, den Partner in ihrem Sinn zu kontrollieren, einen hohen Preis hat.

Seinen Partner zu kontrollieren und den Kurs der Beziehung so zu dominieren, führt auf Dauer zu einem Ungleichgewicht. Es geht darum, gemeinsame Ziele zu definieren und Kurs auf diese zu setzen.

Deutlich vielversprechender wäre es stattdessen, ein Verständnis für die Ziele des Partners zu entwickeln und diese mit den eigenen abzugleichen. Schließlich sitzt man zusammen im selben Boot und steuert es letztlich zusammen. Es geht also darum, sich Klarheit zu verschaffen und auf dieser Basis die vielfältigen Möglichkeiten eines gemeinsamen Kurses herauszufinden. Das vermeintliche Risiko, das dazu eingegangen werden muss, liegt darin, wieder die Auseinandersetzung zuzulassen – inklusive des möglichen Ergebnisses, sich zu trennen. Oder: das Problem des Beziehungskonfliktes erst mal zu vergrößern und daraus einen gemeinsamen Kurs zu verhandeln.

Impuls

Betrachte dein aktuelles Problem und untersuche deinen Kurs mithilfe folgender Fragen:

- Überblick verschaffen: Wo bist du gestartet? Welche Crew/ Mitreisenden hast du dabei? Wohin bist du unterwegs?
- Gegenwärtigen Stand bestimmen: Wo in den Weiten des Meeres befindest du dich? Wie geht es dir damit? Wie geht es deiner Crew?
- Ziel anvisieren: Wo liegt dein eigentliches Ziel? Was brauchst du und was braucht deine Crew dafür? Welcher Kurs könnte daraus resultieren?

Wähle deinen Kurs und segle auf Sicht (siehe Seite 169 bis 170). Vergiss nicht, deine Crew in den Prozess einzubeziehen.
Ein neuer Kurs bedeutet, dass du vertrautes Gewässer verlässt. Das kann ungewohnt sein. Doch dieses Gefühl ist normal, wenn man neue Wege beschreitet. Lass dich nicht abbringen, sondern sei neugierig auf die Ergebnisse.

Das Ziel hinter dem Ziel

Ein Kind lernt laufen und fällt immer wieder auf den Po. Es rappelt sich auf, torkelt los und fällt erneut hin. Immer wieder. Und immer wieder steht es auf. Denn es hat ein Ziel. Es will laufen. Alle anderen tun das nämlich und kommen viel schneller voran und auch viel besser an all die spannenden Dinge, die im Zimmer überall herumstehen und -liegen. Das möchte es auch.

Hier haben wir es mit einem lösbaren Problem zu tun. Laufen zu lernen, das haben bisher die meisten Kinder geschafft. Bei einigen geht es schnell, andere brauchen etwas länger. Aber sie lösen dieses Problem. Manchmal braucht es Zwischenlösungen – viele Kinder sind hier sehr erfinderisch und verwandeln die erstaunlichsten Gegenstände in Gehhilfen. Das Entscheidende ist: Sie wollen laufen. Für dieses Ziel nehmen sie einiges in Kauf. Es ist ein Problem, das sie überwinden und das sie im Leben deutlich voranbringt. Im wahrsten Sinne des Wortes.

Am anderen Ende des Problemspektrums finden sich Menschen Schwierigkeiten gegenüber, die sie einfach nicht überwinden können. In meiner Praxis ist das häufig Thema. Manchmal geht es darum, dass bestimmte körperliche Einschränkungen einfach nicht mehr verschwinden werden. In anderen Fällen haben Ereignisse tiefe Narben hinterlassen – eine unschöne Trennung, der Tod eines Kindes, ein schwerer Betrug. Ich begleite diese Menschen dann dahingehend, dieses Problem anzunehmen und in ihren Lebensweg zu integrieren. Der alte Begriff »etwas verwinden« verdeutlicht, worum es hier geht. Das Problem wird den Kurs dieses Menschen nachhaltig beeinflussen, das ist unumgänglich. Ein bestimmtes Ziel rückt vielleicht in weite Ferne oder wird überhaupt nicht mehr realisiert werden können. Vielleicht wollte jemand unbedingt den Kilimandscharo besteigen, nun hat er eine schwere Herzschwäche, die es nahezu ausschließt, diesen Traum zu verwirklichen. Das mag sehr schwer sein – es heißt aber nicht, dass das Leben zu Ende ist und dass es fortan weder Freude noch Ziele geben kann.

Es kann wehtun, sich von einem lange gewünschten und sogar schon verfolgten Ziel zu verabschieden.

Wenn dieser Mensch seine Gefühle (vermutlich Traurigkeit oder auch Ärger) betrachtet, kann er daraus schließen, wie wichtig dieses Ziel für ihn war und ist. Da es nun aber sehr schwierig geworden ist, auf diesen Berg zu steigen, könnte er sich fragen, was eigentlich hinter diesem Ziel für ihn verborgen ist. Der Kilimandscharo steht hier für irgendetwas – und der Betreffende sollte für sich herausfinden, was es ist. Vielleicht bedeutet es für ihn Lebendigkeit oder Bestätigung seiner Fitness, dort hinaufzugehen. Abenteuer. Sich beweisen. Es allen zeigen. Freiheit. Vielleicht möchte er bestimmte Empfindungen erleben, die er einmal hatte, als er eine Reportage über diesen Berg im Fernsehen sah. Es kann alles Mögliche sein.

Wenn er sich nun davon verabschieden muss, den Kilimandscharo zu besteigen, heißt das nicht, dass er sich von dem verabschieden muss, was für ihn hinter diesem Vorhaben steht. Er kann andere Wege finden, sich lebendig und fit zu fühlen. Abenteuer zu erleben. Sich zu beweisen und es anderen zu zeigen. Er kann sich auf andere Weise frei fühlen, und es ist auch möglich, die Essenz dessen, was ihn damals an dieser Reportage faszinierte, in sein Leben zu holen. Dieser Mensch wird also seinen Weg verändern müssen und etwas, das für sein Ziel stand (Kilimandscharo), aufgeben. Was er dabei nicht aufgeben muss – und das ist die befreiende Erkenntnis aus vielen solchen Gesprächen – ist das, wofür dieses Ziel steht (Lebendigkeit, Fitness, Abenteuer …).

Impuls

Gibt es in deinem Leben auch ein Ziel, bei dem dir das Herz aufgeht – sich aber gleich wieder traurig verschließt, weil es dir nicht (mehr) möglich sein wird, es zu erreichen? Was bedeutet dieses Ziel für dich? Welche Empfindungen verbindest du damit? Welches Lebensgefühl? Nimm dir die Zeit, in die Ebene dahinter zu schauen.
Welche anderen Möglichkeiten gibt es für dich, diese Empfindungen, dieses Lebensgefühl zu erreichen?

Dein innerster Antrieb

Es ist nicht immer so ganz einfach, seinen wahren Zielen auf die Spur zu kommen. Denn in der Tiefe treibt uns zuweilen auch etwas ganz anderes an, als es an der Oberfläche scheint. Im Beispiel mit dem Kilimandscharo geht es darum, herauszufinden, für was diese Reise steht.

Wenn es jedoch zu einem Konflikt zwischen unseren verdeckten und den von uns deklarierten Zielen kommt (wie im Beispiel »harmonische Partnerschaft«), tun wir manchmal Dinge, die uns nicht zum erklärten Ziel führen oder sogar von diesem weg. Hier ermöglicht uns die Untersuchung unserer Ergebnisse, uns selbst auf die Schliche zu kommen und so die notwendige Kurskorrektur vorzunehmen (siehe dazu die Impulse Seite 178 und 180).

Es gibt eine gute Möglichkeit, unseren verdeckten Zielen auf die Spur zu kommen. Diese haben nämlich einen sehr großen Einfluss auf alles, was wir im Leben entscheiden und erleben. Deshalb können wir an unserem Verhalten und vor allem an unseren Problemen erkennen, was uns tatsächlich antreibt. Wir machen das, was wir erleben, zu einem Messinstrument und schauen mit dessen Hilfe auf das mögliche verdeckte Ziel, das hinter allem steckt.

Sich Klarheit über die eigenen Ziele und Bedürfnisse zu erarbeiten, ist das wichtigste Navigationsinstrument unserer Lebensreise.

In diesen verdeckten Zielen wiederum verbergen sich grundlegende Fragen, die aus der sozialen Schublade (siehe Seite 141) kommen: »Bin ich liebenswert?«, »Gehöre ich dazu?« oder »Bin ich schuld an diesem oder jenem?«, »Bin ich gut genug?« und »Darf ich das?«.

Hast du beispielsweise die Frage »Bin ich liebenswert?« für dich zu beantworten, versuchst du wahrscheinlich unentwegt, von der Außenwelt Beweise dafür zu erhalten, liebenswert zu sein. Leider lässt sich aber eine solche Frage nicht einfach beantworten und dann zur Seite legen. In unserem Beispiel der Frau, die sich mehr Harmonie wünscht, könnte eine solche verdeckte Frage mitgewirkt haben. Sie wollte vielleicht, dass sich ihr Mann mehr um sie kümmert, wenn er merkt, dass sie unzufrieden ist. Aber auf Dauer funktioniert es nicht, mit dieser Methode einen Liebesbeweis einzufordern. Denn welcher Partner kann auf Unzufriedenheit und Kritik schon ständig mit Zuneigung reagieren? Alles, was er versucht, kommt ihm irgendwann wahrscheinlich sinnlos vor. Umgekehrt ist es für die Frau aber auch schwer, aus ihrem Verhaltensmuster auszusteigen, weil noch immer diese Frage in ihr brennt.

Dieses Dilemma kann sich natürlich nur auflösen, wenn eine Kurskorrektur erfolgt, wenn die Frau sich der Frage, die sie innerlich antreibt, bewusst wird – und, statt dieser blind hinterherzulaufen, sich wieder eine Wahlmöglichkeit verschafft und damit die Chance, andere Erfahrungen zu machen.

Impuls

Hast du manchmal das Gefühl, nicht genau zu verstehen, warum du in bestimmten Situationen immer wieder auf die gleiche Weise reagierst oder dir bestimmte Dinge immer wieder begegnen? Dann kannst du untersuchen, ob eine der elementaren Fragen unterschwellig in den jeweiligen Situationen mitschwingt: »Bin ich liebenswert?«, »Gehöre ich dazu?«, »Bin ich schuld an diesem oder jenem?«, »Bin ich gut genug?« und »Darf ich das?«.

Wenn in dir zum Beispiel die verdeckte Frage »Gehöre ich dazu?« aktiv ist, wirst du dich wahrscheinlich sehr für andere Menschen engagieren und zum Beispiel in einem Verein alles im Hintergrund organisieren. Und du wirst es selbst dann weiter tun, wenn es dir keinen Spaß mehr macht oder es dir längst zu viel geworden ist.

Bei der Frage »Darf ich das?« könnte es dein Muster sein, immer mehr Abschlüsse zu sammeln. Egal ob verschiedene Führerscheine, Zusatzqualifikationen oder Kurse und Seminare – kaum hast du einen neuen Abschluss, der deine Tätigkeit legitimiert, stürzt du dich schon in die nächste Fortbildung.

Was ich dir mit all diesen Ausführungen mitgeben möchte: Solche inneren Fragen haben wir alle, manchmal sind sie sehr stark ausgeprägt, manchmal weniger. Es geht nicht darum, sie zu beantworten, sondern sie lediglich zu kennen. Denn wenn du sie kennst, wird es dir leichterfallen, ihnen nicht einfach blind weiter hinterherzulaufen. Wenn du deinen inneren Antrieb zu verstehen beginnst, kannst du deine Ziele so ausrichten, dass du diesen Antrieb gezielt für sie nutzen kannst.

Kluge Zielkorrekturen

An dieser Stelle des Buches weißt du es längst: Probleme sind keine Mauern, die es unbedingt umzureißen gilt. Wenn eine solche Mauer vor dir steht und du dir vielleicht schon ein paar blaue Flecken an ihr geholt hast, kannst du weitermachen oder den Kurs ändern und dein Ziel hinterfragen. Entscheidend ist es, wieder die Wahl zu erlangen.

Du könntest zum Beispiel einen Schritt zurücktreten und dich fragen, ob du überhaupt noch zu dem Ziel möchtest, das dir die Mauer momentan versperrt. Oder du läufst an dieser Mauer entlang, bis du eine Lücke entdeckst, durch die du schlüpfen kannst. Oder du entdeckst jemanden, der auf der Mauer steht und dir die Hand reicht, um dir darüber zu helfen.

Wir haben hier viel über unsere Selbstwirksamkeit gesprochen. Wenn du dir die Erlaubnis gibst, mit deinen Problemen anders umzugehen, sie zu parken, zu umschiffen, sie wieder zu öffnen oder sogar an ihnen (für das Ziel hinter ihnen) zu verzweifeln, dann gibst du dir die Erlaubnis, selbstwirksam zu sein. Dann stehst du am Ruder deines Lebens.

Die Krux mit dem Selbstwert

Angelika ist Mitte fünfzig und seit fast zwanzig Jahren als Steuerberaterin selbstständig. Sie macht ihre Arbeit wirklich gern und doch leidet sie häufig unter der schieren Menge an Klienten, nicht enden wollenden To-do-Listen und zu knapp gesetzten Fristen. Wenn sie ehrlich hinschaut, merkt sie: Sie selbst organisiert das Ganze so, dass es regelmäßig in Nachtschichten mündet. Sie selbst sorgt dafür, dass der Strom an Tätigkeiten, die ausgeführt werden müssen, einfach nicht abreißt. Immer wieder kommt sie ihren Kunden entgegen und erledigt Dinge für sie, die sie eigentlich gar nicht tun müsste. Nach Fristen gefragt, gibt sie den Klienten häufig so entspannte Termine an, dass die sie selbst dann in Zeitnot bringen.

Als sie sich mit mir darüber unterhält, schwächt sie ab: »Wir leben nun einmal in stressigen Zeiten. Jeder hat viel um die Ohren. Man muss sich um seine Kundschaft bemühen, denn die Konkurrenz schläft nicht.« Und so weiter. Natürlich hat sie damit nicht ganz unrecht. Wir leben in einer Zeit, in der immer mehr an Aufgaben und Herausforderungen, Informationen und Erwartungen auf uns einströmt. Es ist ein gesamtgesellschaftliches Problem geworden, mit den vierundzwanzig Stunden, die der Tag nun einmal nur hat, einigermaßen hinzukommen. Doch wer soll die Veränderung bewirken, wenn nicht jeder selbst? Und so machten wir uns daran, die verdeckte Frage herauszuarbeiten, um deren Beantwortung Angelika kämpft.

Das Problem bei ihr ist nämlich nicht die viele Arbeit. Es stellte sich heraus, dass sie die Erfahrung gemacht hatte, ohne die viele Arbeit in ein tiefes Loch zu fallen. Wenn der Laden richtig brummt, dann badet sie regelrecht in dem Gefühl, dass alle etwas von ihr wollen und sie daher wertvoll sein müsse. Wenn der Strom an Aufgaben, die sie für andere erledigen soll, abreißen würde, dann ginge ihr damit auch der Beweis verloren, für diese Menschen etwas wert zu sein. Angelikas verdeckte Frage lautete: »Bin ich wertvoll?«

So klar einem ein solcher Sachverhalt von außen erscheint, so verwirrend erlebt es manchmal der Betroffene. Schließlich handelt es sich ja um eine verdeckte Frage, und im Laufe der Zeit hat man für all das, was man tut, andere, vermeintlich offensichtlichere Begründungen gefunden oder konstruiert. Es ist deswegen sehr unterschiedlich, wie man sich der eigentlichen Frage nähert, doch hat man sie entdeckt, ist sie ein wertvolles Instrument, um eine Veränderung herbeizuführen.

Angelika erarbeitete mit mir eine Liste von Dingen, die ihr Selbstwertgefühl betrafen. Im Wesentlichen ging es darum, zwischen der Arbeit und einer Alternative abzuwägen. Zum Beispiel: »Bin ich es mir wert, jetzt in die Sauna zu gehen, statt eine Aufgabe zu erfüllen, für die ich eigentlich gar nicht zuständig bin?« Mit dieser Liste änderte sich Stück für Stück Angelikas Leben: »Bin ich es mir wert, das Klavierspielen wieder aufzunehmen? Bin ich es mir wert, samstags und sonntags frei zu haben? Bin ich es mir wert, einem potenziellen Kunden zu sagen, dass ich zur Zeit keine neuen Klienten mehr annehmen kann?«

Mithilfe ihrer neuen Erkenntnisse beantwortete sich Angelika die Frage nach ihrem Wert immer öfter selbst positiv und der Drang nach Bestätigung von außen ließ nach. So konnte sie ihre Selbstwirksamkeit Stück um Stück zurückerlangen.

Lebensinhalte klug gewichten

»Gott, gib mir die Gelassenheit, Dinge hinzunehmen,
die ich nicht ändern kann, den Mut, Dinge zu ändern,
die ich ändern kann, und die Weisheit,
das eine vom anderen zu unterscheiden.«

REINHOLD NIEBUHR

Vielleicht kennst du die berühmte Geschichte von dem Professor, der seine Studenten am Ende einer Vorlesungsreihe mit einer kleinen Demonstration überrascht. Er stellt ein großes leeres Goldfischglas auf sein Pult. Dann holt er einige faustgroße Steinbrocken hervor und legt sie bis oben hin in das Glas. »Ist das Glas jetzt voll?«, fragt er. Viele Studenten nickten. Er aber holt unter seinem Pult einen Eimer mit Kieselsteinen hervor und schaufelt sie zu den Brocken in das Glas. »Ist das Glas jetzt voll?«, fragt er erneut. Jetzt nicken noch mehr Studenten, aber einige sind vorsichtiger. Und tatsächlich füllt der Professor jetzt noch eine gute Menge feinen Sand in das Gefäß, er schüttelt das Goldfischglas ein wenig und der Sand rieselt zwischen die Steine und Kiesel. »Ist das Glas jetzt voll?«, fragt er lächelnd. Diesmal nicken alle Studenten siegesgewiss. Doch er öffnet zwei kleine Flaschen Bier und gießt ihren Inhalt mit in das Glas. Auch das Bier findet noch Platz.

Dann beginnt der Professor zu erklären: »Das Goldfischglas symbolisiert eure Zeit im Leben. Ihr solltet darauf achten, zuerst die großen und wichtigen Dinge, wie eure Familie, hineinzugeben. Als Nächstes dann die weniger großen, zum Beispiel ein berufliches Projekt. Sie passen dann wie die Kieselsteine noch dazwischen. Das alltägliche Allerlei, der Sand, füllt von ganz allein die restliche Zeit. Stellt euch aber umgekehrt vor, ihr würdet zuerst die alltäglichen Kleinigkeiten, den Sand, hineinfüllen. Dann wäre das Gefäß schnell voll und für die wichtigeren Sachen in eurem Leben wäre dann kein Raum mehr.«

Es ist still im Hörsaal und die Studenten nicken. »Und was ist mit den beiden Flaschen Bier?«, fragt einer der Studenten nach ein paar Augenblicken. »Oh«, sagte der Professor, »damit wollte ich euch nur zeigen: Selbst wenn euer Leben sich ziemlich voll anfühlt mit dem, was euch wichtig ist, und dem ganzen alltäglichen Kies und Sand – Platz für ein Bier mit einem Freund ist immer noch.«

Den großen Themen Raum geben

Diese schöne Geschichte gilt natürlich auch für unsere Probleme. Wenn wir uns das Leben mit winzig kleinen Problemen anfüllen – mit Computerspielen zum Beispiel oder mit dem Ärger über Kollegen, die wir gern anders hätten – wenn wir also zuerst den Sand ins Glas füllen, dann bleibt kein Platz für die wirklich großen Themen, die irgendwann einmal den Kurs unseres Lebens ausgemacht haben werden. Wenn du viel Zeit mit dem Handy oder Tablet oder deiner Spielekonsole verbringst, dann löst du unentwegt Problemchen. Sie gehören aber nicht in die Kategorie der großen Steine, sondern sind wie der Sand im Glas. Du fühlst dich dabei vielleicht gut und dosierst dir die Probleme so, dass sie dir Erfolgserlebnisse verschaffen – erfüllt und glücklich wirst du so auf Dauer aber dennoch nicht.

Der Sand alltäglicher Probleme kann schnell zu Sand im Getriebe werden für den Kurs deines Lebens.

Wir sollten uns irgendwann klar darüber sein, ob wir einen anspruchsvollen Beruf ausüben wollen. Ob wir eine Familie gründen möchten. In welchem Land wir leben wollen. Ob wir ein Haus bauen wollen. In diesen und vielen anderen wichtigen Feldern gilt es, Erfahrungen zu sammeln und dann die selbst gewählten Steinbrocken Stück um Stück ins Glas zu legen. Die Kieselsteine und der Sand kommen dann von ganz allein.

Schöne Probleme wünsche ich dir

Der erste Schritt zu jeder Entwicklung im eigenen Leben ist die Selbsterkenntnis. Wie du bei den verdeckten Fragen gesehen hast, kann es eine ganz schöne Detektivarbeit sein, sich dabei auf die Schliche zu kommen. Viel einfacher ist es, die Muster bei anderen Menschen zu erkennen und sich seinen Teil zusammenzureimen. Doch unseren Partnern, Eltern, Geschwistern, Kollegen und Freunden wird es nicht helfen, wenn wir sie mit der Nase darauf stoßen. Zumal wir uns sehr leicht täuschen können, auch und gerade wenn wir einen Menschen schon lange kennen.

Deswegen kann ich dir nur davon abraten, in deinem Umfeld ungefragt Gratisdiagnosen zu verteilen. Nach dem Motto: »Ich hab da gerade so ein Buch gelesen, und weißt du, was mir bei dir auffällt…«. Das wird auf dein Gegenüber sehr wahrscheinlich übergriffig wirken.

Am Ende dieses Buches möchte ich dich vielmehr dazu ermuntern, mit dir selbst in einen Dialog einzutreten, dabei gute Gespräche zu führen und andere gelegentlich nach ihrer Meinung und Einschätzung, dich betreffend, zu fragen. Das ist ein großartiges, lebenslanges Problem, nicht nur wenn du gerade kein anderes zur Hand hast. Selbsterkenntnis und Weiterentwicklung sind ein wichtiger Stein in unserem Lebensglas! Ein großartiges Feld, für sich und andere wirksam zu sein.

In diesem Sinne wünsche ich dir viel Spaß beim Kurssetzen und Navigieren und vor allem wünsche ich dir Bugwellen, dass es nur so spritzt.

»Die Hauptsache ist, dass man ein großes Wollen habe und Geschick und Beharrlichkeit besitze, es auszuführen; alles Übrige ist gleichgültig.«

JOHANN WOLFGANG VON GOETHE

Leseempfehlungen

Bargh, John: *Vor dem Denken – wie das Unterbewusste uns steuert.* Droemer
Der weltweit führende Sozialpsychologe zeigt, dass unsere Gefühle, unser Denken und unser tägliches Verhalten durch verborgene mentale Prozesse gesteuert werden – weit mehr, als wir bislang vermutet haben.

Eder Ursula; Sperlich, Franz: *Das Parasympathikus-Prinzip.* Gräfe und Unzer
Anhand der Figur des Dr. med. Parasympathikus erklären die Autoren das Prinzip unseres inneren Arztes und vermitteln leicht verständlich die Zusammenhänge zwischen Herz und Hirn. Siehe auch https://www.parasympathikus.de

Gates, Melinda: *Wir sind viele, wir sind eins.* Droemer
Die Autorin zeigt auf, wie die Welt zu einem gerechteren Ort werden kann.

Kahnemann, Daniel: *Schnelles Denken, langsames Denken.* Pantheon
Das Buch vermittelt die forschungsbasierte, neue Sichtweise des Nobelpreisträgers, mit der wir die Qualität und die Folgen unseres Urteils entscheidend verbessern können.

Rosenberg, Marshall B.: *Gewaltfreie Kommunikation: Eine Sprache des Lebens.* Jungfermann
Grundlagenwerk für bewusstes Zuhören und respektvolle Aufmerksamkeit, das zeigt, wie sich mithilfe der GfK auch komplexe Kommunikationsprobleme lösen lassen.

Rosling, Hans; Rosling Rönnlund, Anna; Rosling, Ola: *Factfulness: Wie wir lernen, die Welt so zu sehen, wie sie wirklich ist.* Ullstein Taschenbuch
Wir neigen dazu, zu katastrophisieren – doch die Wirklichkeit ist besser als unser Gefühl. Das Buch liefert einen faktenreichen und erhellenden Einblick in unsere problematischen Statistiken.

Sperlich, Franz; Zitzer Svenja: *SMiLE – Sei Mentor im Leben.* Tradition
Lerne deinen inneren Mentor in diesem Buch kennen und nutze seine Fähigkeiten für dein Leben.

Bücher aus dem GRÄFE UND UNZER VERLAG:

Amend, Lars: *Why not? Inspirationen für ein Leben ohne Wenn und Aber*

Haimerl, Christian: *Frei von Angst und Panikattacken in zwei Schritten* (Buch mit CD)

Haller, Prof. Dr. Reinhard: *Das Wunder der Wertschätzung*

Hammer, Matthias: *Der Feind in meinem Kopf*

Middendorf, Katharina/Sturm, Ralf: *Happy End im Kopfkino*

Schlüter, Christiane: *Kraftquellen für den Alltag*

Senftleben, Ralf: *Entdecke deine Willenskraft*

Internetadressen

https://www.youtube.com/channel/UCLHRw56ILwDL00t20948dAA
Youtube-Kanal von Dr. med. Franz Sperlich

www.dr-med-sperlich.de
Website des Autors mit Vorstellung seines Praxis-, Trainings- und Vortragsangebotes.

https://www.parasympathikus.de
Die Website zum Buch *(siehe Seite 190)*

https://www.vitamindoctor.com UND https://www.dr-schmiedel.de/naehrstoffe/
Informationen zu Nährstoffen

https://www.omegametrix.eu/hs_omega_3_index_selbsttest.php
Selbsttest zur Fettsäure-Bestimmung (inklusive Omega-3)

www.eqting.com
Kurze Erklärung der EQting-Methode sowie Kursangebote

www.balance-academie.de
Trainingsangebot von Dr. med. Franz Sperlich und Heiner Creutzburg

www.spitzen-praevention.com
Informationen rund um die Gesundheitsvorsorge inklusive Fortbildungsmöglichkeiten

IMPRESSUM

Projektleitung: Reinhard Brendli

Mitarbeit / Text: Dr. Diane Zilliges

Lektorat: Ulrike Auras

Umschlaggestaltung und Layout: independent Medien-Design, Horst Moser, München

Coverillustration: i-stock

Syndication: www.seasons.agency

Herstellung: Markus Plötz

Satz: Uhl + Massopust, Aalen

Repro: Ludwig Media, Zell am See

Druck und Bindung: C.H. Beck, Nördlingen

ISBN 978-3-8338-7135-1

1. Auflage 2020

www.facebook.com/gu.verlag

QUALITÄTS G|U GARANTIE

LIEBE LESERINNEN UND LESER,

wir wollen Ihnen mit diesem Buch Informationen und Anregungen geben, um Ihnen das Leben zu erleichtern oder Sie zu inspirieren, Neues auszuprobieren. Wir achten bei der Erstellung unserer Bücher auf Aktualität und stellen höchste Ansprüche an Inhalt und Gestaltung. Alle Anleitungen und Rezepte werden von unseren Autoren, jeweils Experten auf ihren Gebieten, gewissenhaft erstellt und von unseren Redakteuren/innen mit größter Sorgfalt ausgewählt und geprüft.

Haben wir Ihre Erwartungen erfüllt? Sind Sie mit diesem Buch und seinen Inhalten zufrieden? Haben Sie weitere Fragen zu diesem Thema? Wir freuen uns auf Ihre Rückmeldung, auf Lob, Kritik und Anregungen, damit wir für Sie immer besser werden können. Und wir freuen uns, wenn Sie diesen Titel weiterempfehlen, in Ihrem Freundeskreis oder bei Ihrem online-Kauf.

Sollten wir Ihre Erwartungen so gar nicht erfüllt haben, tauschen wir Ihnen Ihr Buch jederzeit gegen ein gleichwertiges zum gleichen oder ähnlichen Thema um.

KONTAKT

GRÄFE UND UNZER VERLAG
Leserservice
Postfach 86 03 13
81630 München
E-Mail: leserservice@graefe-und-unzer.de
Telefon: 00800 / 72 37 33 33*
Telefax: 00800 / 50 12 05 44*
Mo–Do: 9.00–17.00 Uhr
Fr: 9.00–16.00 Uhr (*gebührenfrei in D,A,CH)

GRÄFE UND UNZER

Ein Unternehmen der
GANSKE VERLAGSGRUPPE